No entiendo mucho de vinos... pero aprendo a combinarlos con la comida

Grupo ROBIN BOOK
Barcelona - México
Buenos Aires

No entiendo
mucho
de vinos...
pero aprendo
a combinarlos
con la comida

Giuseppe d'Este

BONVIVANT

BONVIVANT
Un sello de Ediciones Robinbook
información bibliográfica
Industria 11 (Pol. Ind. Buvisa)
08329 - Teià (Barcelona)
e-mail: info@robinbook.com
www.robinbook.com

Diseño de cubierta e interior: Cifra
Ilustraciones: José María Pérez Martell
ISBN: 978-84-96054-49-3
Depósito legal: B-30.709-2011

Impreso por Limpergraf, Mogoda, 29-31 (Can Salvatella),
08210 Barberà del Vallès

Impreso en España - *Printed in Spain*

Índice

El vino y la exquisitez gastronómica

Casar un cierto vino con una comida adecuada —o al revés: escoger la comida que mejor pueda armonizar con un una botella especial— obliga a conocer las reglas clásicas del maridaje entre los vinos y las comidas. Esto es una parte fundamental del arte de la buena mesa, ya que ninguna mesa estará completa sin la elección correcta de los vinos que corresponden a un determinado menú. Y escogerlos con acierto atañe al buen gusto, al mundo etéreo de la armonía de los sentidos y el placer. Al igual que la alta cocina no se limita a «cocinar», sino que en ella se elabora cada plato con la sabiduría de un pintor o un escultor, en la elección de los vinos primará siempre el mantenimiento de las proporciones. El maridaje entre éstos y las comidas debe pretender el deleite de los cinco sentidos, e incluso superar el listón de las experiencias meramente físicas, llegando a convertirse en un regalo para la mente.

La correcta elección de un vino está igualmente relacionada con aspectos tales como las exigencias de las modas, que matizan los gustos e influyen en ellos, o las diversas circunstancias en que se vaya a disfrutar el caldo, tanto personales como del entorno o el momento. No cabe duda de que un error en esta práctica es un atentado contra el gusto, una fuente de displacer gastronómico y, quizá, según para quién, incluso una grave ofensa a un buen vino que no merece tal agravio. Es difícil conseguir la perfección, pero también es difícil errar de lleno. Hay que ser valientes y ampliar los horizontes del disfrute gastronómico.

Sobre este difícil arte, encontramos en el mercado una extensa bibliografía, así como listados genéricos que, con demasiada frecuencia, se ven influidos por los intereses comerciales de las distintas bodegas o distribuidores. El enólogo profesional arriesga mucho participando en la elaboración de estas listas tan poco flexibles, rígidas y ortodoxas. Por nuestra parte, estimamos que lo que prevalece y siempre ha de prevalecer es la experiencia personal y el gusto particular de cada uno.

En la degustación de una comida, es lógico que se busque, casi por instinto, esa armonía de sabores y aromas entre lo que bebemos y lo que comemos. Esas impresiones alternativas, que en muchos momentos se superponen, no han de resultar antagónicas, por supuesto, pero tampoco llegar a neutralizarse; deben discurrir paralelas y, en cierta forma, actuar al unísono, actuar muda y sutilmente sobre los sentidos. Las concordancias han de realizarse en el mismo tempo en lo referente a intensidad, naturaleza y calidad. Una bebida demasiado rica en sabores armoniza mal con un alimento algo insípido. Consecuentemente, una bebida insípida empaña el brillo de un alimento glorioso en sabores. Sólo en el caso de algunos platos muy sazonados, la bebida puede venir a apagar la «sed de aclarado», que produce la misma saturación originada por el alimento.

En este orden de armonías, las comidas rústicas piden caldos de su entorno; prefieren el tipismo de los vinos regionales y los caldos de gran calor alcohólico, y se verían muy mal acompañadas por vinos delicados o exóticos. De la misma forma, un plato delicado no aceptaría un vino tosco o de naturaleza cortante. En definitiva, esta necesidad de correspondencia armónica responde al principio de la analogía, al de la asociación o al de la uniformidad de las sensaciones. En algunas ocasiones también puede suceder que el atractivo resida en explorar justo lo contrario, es decir, los contrastes. Los contrastes pueden aportar al paladar auténticas maravillas. Tanto en la cocina como en otras disciplinas artísticas que idealizan estos conciertos, encontramos una tendencia a transgredir las tres normas clásicas de la armonía, como en el caso de los pintores que, poco a poco, han ido rompiendo las mismas leyes de la percepción, al aportar cambios a los criterios de lo establecido.

Naturaleza muerta con postres, por Jan Davidsz de Heem.

Una breve historia del vino

Las primeras referencias al vino se hallan presentes en textos tan antiguos como la Epopeya de Gilgamesh, la primera obra literaria de la historia de la humanidad. También las encontramos en la Biblia. Cuando el arca de Noé atracó, éste plantó un viñedo y se intoxicó con su fruto. De ahí que los cristianos crean que la elaboración del vino data del Diluvio.

En la tradición babilónica, la cerveza aparece hacia el año 5000 a. C., antes que el vino, que surge algo más tarde. No se puede afirmar con seguridad, pero quizá esta forma de exprimir y fermentar las uvas provenía de la región del Cáucaso. Diversos restos del arte mesopotámico muestran a señores bebiendo vino y deleitándose con música de arpa y bellas bailarinas ligeras de ropa. En la misma región de Caldea, el Código de leyes del rey Hammurabi, promulgado en el segundo milenio a. C., en época de Abraham, comprendía una regulación del comercio del vino entre los habitantes de Asiria, Persia y la propia Caldea.

Antes de esto, el conocimiento del vino llegó a Egipto hacia el año 3200 a. C. Los sacerdotes eran los únicos que podían elaborarlo, lo cual, sin lugar a dudas, les reportaba enormes beneficios, y dieron en llamar al vino «El Señor de la Verdad», por algo que todos sabemos muy bien, ¿no es cierto?

Los griegos tenían un dios que personificaba la fecundidad, el vino y la embriaguez: Dioniso, llamado Baco en el panteón romano. Dioniso —que no debe confundirse con el tirano Dionisio— es la deidad del desenfreno, de las pasiones, de la enajenación transitoria, de los que «pierden la cabeza». También sabemos que Sócrates era un gran bebedor, aunque en su época y en esa región de Europa solía tomarse mezclado con agua, más o menos al cincuenta por ciento. El poeta ciego Homero, autor de la Odisea, ensalza al vino en la mesa, y es célebre el episodio de las aventuras de Ulises en que éste engaña al gigantesco cíclope Polifemo, lo emborracha con vino, lo ciega y así logra escapar de la cueva con sus hombres.

Ilustración que muestra las distintas tareas de viticultura y vinificación (miniatura del siglo XV).

El vino servía para honrar a los dioses, y en su honor

se hacían las «libaciones», con el objetivo de conseguir el favor de estos seres superiores. También se regaban con vino los pactos, y se agasajaba a los amigos e invitados.

En Roma, una cultura más práctica y prosaica que la griega, la viña se difundió al mismo tiempo que se extendía el Imperio. Los bárbaros no bebían vino, pero en las zonas de dominio romano se empezaron a producir caldos que llegaban hasta la metrópoli desde lugares como la Galia, Alejandría, Creta o Tarraco. Cuando el Imperio cayó en manos de los pueblos bárbaros del norte, el cultivo de la vid ya era imparable.

Durante el medievo, los monasterios se rodearon de viñedos. Gran reputación alcanzarían las viñas de los benedictinos y cartujos, y pronto comenzaría la fama de los primeros caldos de gran calidad, producidos en Borgoña, en Champaña y en las riveras del Rin. La celebración de la eucaristía con vino favoreció que, a pesar de sus efectos embriagadores y de las diversas herejías que lo rechazaron, en el mundo cristiano el vino formara parte de una cultura irrenunciable.

En España, las primeras referencias a la producción de vino corresponden a la época prerromana de los Tartesos, en el sur de la península. Se acepta comúnmente que fue introducido por los fenicios en la zona atlántica de Andalucía. Los principales centros de cultivo de la vid fueron más adelante Tarragona, Baleares, Saletania, la Bética y Lugo. Ya en tiempos de san Isidoro de Sevilla, llegaron a catalogarse en España más de veinte clases de vinos (una especie de embrión de las «denominaciones de origen» actuales).

Clasificación de los vinos

Las posibles clasificaciones del vino son diversas, y responden a distintos criterios. Una primera puede estructurarse a partir de sus tipos diferenciados:

Vino blanco. En su producción se retiran los hollejos de la uva antes del inicio de la fermentación.

Vino rosado. Se emplean uvas negras de tono intensamente rojo, sin los hollejos; o bien se quitan los hollejos de las uvas negras antes de concluir la fermentación.

Vino tinto. Durante toda la fermentación se mantienen los hollejos de las uvas negras.

Vino verde. Puede ser blanco o tinto, y se produce con uvas poco maduras. Es ligeramente espumoso.

Vino generoso. Resulta de la mezcla de vino joven con una cierta proporción de vino añejo.

Vino generoso dulce. Con el objeto de aumentar la proporción de azúcares en el vino, se detiene la fermentación con azufre y se agrega alcohol.

Vino generoso seco (finos). Se agrega alcohol una vez finalizada la fermentación.

Otro modo de clasificar los vinos atiende a los siguientes parámetros:

Tipo: seco, semiseco y dulce.

Color: blanco, tinto, rosado, clarete y dorado.

Comarca de procedencia: Rioja, Málaga, Jerez, Rivera del Duero, etc.

Grupo en que se encuadran: de mesa, finos, generosos dulces, espumosos, etc.

En España, los vinos de mesa más populares son los de Rioja y Valdepeñas. Como su propio nombre indica, suelen tomarse en la mesa, acompañando a las comidas. Los vinos generosos dulces, con gran proporción de alcohol y azúcar, suelen provenir de Jerez y Málaga. Los finos, o generosos secos, son de color claro, muy aromáticos y suaves. Éstos no tienen un momento específico de degustación, y sus principales variedades se producen en Jerez, Levante y Cádiz. Por último, los espumosos, de los que el cava es nuestro máximo exponente, se producen en Cataluña.

En razón de su edad y grado de maduración, los vinos pueden ser:

Cosecha. El vino no ha sido madurado o su maduración ha sido muy breve. En el etiquetado se especifica el año de la cosecha.

Crianza. Vino madurado un año en barril y otro en botella.

Reserva. Vino madurado al menos un año en barril y al menos dos en botella.

Gran Reserva. Vino madurado al menos dos años en barril y al menos tres en botella.

Los vinos blancos son muy delicados, algunos de ellos de extrema exquisitez.

NOTA: las siglas C. V. C., que corresponden a «Contiene varias cosechas», indican que el vino de la botella es resultado de la mezcla de caldos de distintas añadas.

Aunque una añada de uva excelente, en una cierta región, no implica que todo el vino de las bodegas de la zona sea también excelente, la clasificación oficial de las

DENOMINACIÓN DE ORIGEN	AÑADAS EXCELENTES
Abona	
Alella	97, 93, 91
Alicante	
Almansa	
Bierzo	92, 87
Binissalem	94
Bizkaiko Txakolina	
Bullas	98
Calatayud	
Campo de Borja	
Cariñena	98, 88
Cava	
Cigalés	
Conca del Barberà	
Condado de Huelva	
Costers del Segre	96, 95
El Hierro	
Empordà-Costa Brava	
Getariako Txakolina	
Jerez-Manzanilla	97
Jumilla	98
La Mancha	98, 93
La Palma	
Lanzarote	00, 99
Málaga	
Méntrida	88
Mondéjar	
Monterrey	97
Montilla-Moriles	00, 91, 90, 89, 88, 84, 82, 81
Navarra	01, 95
Penedès	98
Pla del Bages	97
Priorat	96, 95, 93
Rías Baixas	99
Ribeira Sacra	
Ribeiro	
Ribera del Duero	01, 99, 96, 95, 89, 86, 85
Ribera del Guadiana	
Rioja	01, 95, 94, 82, 64
Rueda	
Somontano	01, 98, 95, 94, 93
Tacoronte-Acentejo	
Tarragona	78
Terra Alta	98, 96, 88
Toro	00, 99, 94, 91
Utiel-Requena	93
Valdeorras	97
Valdepeñas	93, 89
Valencia	
Valle de Güimar	
Valle de la Orotava	
Vinos de Madrid	
Ycoden-Daute-Isora	

Nota: no se reseñan las añadas regulares y sin clasificar.

AÑADAS MUY BUENAS	AÑADAS BUENAS
	99, 97, 96
00, 99, 98, 96, 95, 94, 90, 89, 85	92, 88, 87, 86
00, 99, 98, 90, 87	97, 96, 95, 94, 93, 92, 91, 89, 88, 85
95, 94, 93, 92, 81, 78	00, 98, 97, 96, 91, 90, 89, 88, 87, 86, 85
96, 94, 91, 90, 88	00, 99, 98, 97, 95, 89
00, 99, 97, 95, 92, 90	96, 93, 91
99, 94	00, 98, 97, 96, 95
00, 99, 97, 96, 95, 94	
96, 95, 94, 93	00, 99, 98, 92, 91, 90, 89
92, 91, 89, 85	00, 99, 98, 97, 96, 95, 94, 93, 90, 88, 87, 86
96, 93, 92, 91, 90, 89, 87	00, 99, 95, 94, 85
00, 99, 96, 93, 91, 88, 87	97, 95, 94, 92, 90, 89, 86, 85
01, 00, 99, 98, 89, 88, 85	97, 96, 95, 94, 93, 92, 91, 90, 87, 86
96, 95, 93, 92, 85	00, 99, 97, 94, 91, 90, 89, 86
01, 00, 99 ,93, 85	98, 97, 96, 95, 92, 91, 90, 89, 88, 87, 86
00, 99, 98, 97, 93, 92, 91, 89, 88	94, 90, 87
99	98, 97, 96, 95
00, 99, 96, 95, 93, 91, 89, 88, 86, 85	94, 92, 90, 87
	00, 99, 98, 97, 94, 93, 92, 91, 90
00, 99, 96, 93, 91, 90	97, 95, 94, 92, 89, 88, 87, 85
01, 00, 99, 97, 96, 94, 92, 90, 87	95, 91, 89, 88, 86, 85
95, 94	98, 97, 96
97, 96, 95, 94	
	98, 97, 96, 95, 94, 93, 92, 91, 90, 89
00, 99	98, 97, 96, 95, 94, 93, 92, 91, 90, 89, 87, 86, 85
	00, 99, 97, 96
	96, 95
97, 94, 92, 86, 85	96, 93, 87
00, 99, 96, 94, 93, 89, 88	97, 92, 91, 90, 87, 86, 85
00, 99, 97, 96, 94, 93, 91, 88, 87	95, 92, 90, 89, 85
99	01
00, 99, 94, 92	97, 91, 90, 89, 88, 87, 86, 85
00, 97, 96, 95, 89	98, 94, 93, 92, 91, 90, 88
00, 99, 98, 97	
96, 95, 94, 88	97, 92, 91, 90, 89, 87
00, 98, 94, 91, 87	97, 92, 90, 88
	98
98, 96, 91, 87	00, 99, 97, 93, 92, 90, 89, 88, 86, 85
00, 99, 98, 97, 96, 88	95, 94, 93, 92, 91, 90, 89, 87, 85
00, 99, 96, 92, 91, 89	97, 90, 88, 87, 86, 85
98, 97, 95, 92	96, 94, 93, 91
00, 99, 98, 96, 95, 88	97, 94, 93, 92, 91, 90, 89, 87, 86, 85
00, 99, 97, 95, 94, 92, 91	93, 90, 89, 87, 86, 85
98, 96, 95, 93, 89	97, 92, 90, 88
00, 99, 98, 96, 94, 92, 87	97, 95, 91, 90, 88, 85
00, 94, 91	98, 96, 95, 92, 90, 89, 88, 87, 86
99, 98, 96, 95, 91, 90, 88, 87	00, 97, 94, 92, 86
00, 99, 98, 96, 94, 93	97, 95, 92, 91, 90, 87, 86, 85
97	99, 98, 96
97, 96	00, 99, 98, 95
00, 99, 98, 94, 87	97, 96, 95, 93, 92, 91, 90, 89
00, 99	97, 96, 95, 94

Fuente: Subdirección General de Denominaciones de Calidad.

añadas de los vinos españoles puede servir para hacerse una idea aproximada de cuáles son los años que ofrecen mejores caldos (véase tabla de añadas en págs. 12 y 13).

Las uvas

Hay que distinguir primeramente entre uvas blancas y negras. Las más importantes, según las regiones de España en que se cultivan, son:

Uvas blancas

Airén (forcallat, lairén, manchega y valdepeñera). Variedad blanca rústica y muy fértil, con sarmientos vigorosos y resistentes a la sequía y a las enfermedades. Es la uva que ocupa la mayor superficie del viñedo español y la de mayor volumen de vino monovarietal a nivel mundial. Cultivada con cuidado, con vendimia temprana y elaboraciones esmeradas, produce vinos de sabor suave y agradable, poco ácidos y de color pálido, con aromas afrutados que recuerdan al plátano y a otras frutas maduras.

Ideal para equilibrar preparados con tendencia ácida, como por ejemplo las vinagretas.

Albariño (azal blanco). Básicamente se produce en la costa atlántica de Galicia, y es la variedad responsable de los famosos vinos blancos del mismo nombre. Es una uva probablemente originaria del Rin, de áreas frías y húmedas, pero bien adaptada al microclima húmedo y templado de las Rías Baixas. Los vinos que produce son de una fragancia extraordinaria, de sabor afrutado y floral, muy delicado pero intenso y persistente.

Forman un tándem ideal con pescados y mariscos, y armonizan muy bien con aperitivos y verduras.

Cayetana blanca. Variedad blanca vigorosa y muy productiva que se cultiva en Extremadura, principalmente en Tierra de Barros. Se adapta a terrenos arcillosos y climas cálidos y produce en general vinos muy ligeros, de poca acidez, pero con agradable frescura durante el primer año, rasgo que pierde después rápidamente. Gran parte se dedica a la producción de buenas holandas destinadas a brandy.

Chardonnay (pinot blanco y pinot chardonnay). Su tierra de origen es la Borgoña francesa y es la variedad blanca preferida en todo el mundo. Tiene una extraordinaria capacidad de adaptación a los suelos y a los climas más diversos, y produce vinos de gran calidad, salvo en países de clima frío. En España se ha adaptado excelentemente en varias regiones vitivinícolas, como Costers del Segre, Navarra, Penedès o Somontano. Con cuerpo, glicérica, de una gran frutosidad y bajo nivel de oxidación, es una variedad generosa, ideal para envejecimiento en barricas de roble. Produce excelentes y ligeros vinos jóvenes, vinos con poca crianza que tienen notas de avena y frutos secos, que resultan excelentes aperitivos y armonizan muy bien con verduras y pescados suaves. Cuando se benefician de una crianza más larga da potentes caldos, con notas de frutas tropicales y caramelo. Acompañan muy bien a los pescados como el atún o el rodaballo, e incluso a las carnes ligeras en elaboraciones sencillas.

Garnacha blanca (Alicante blanco y lladener blanco). Variedad con buen desarrollo en tierras muy diversas, aunque puede calificársela como la uva blanca mediterránea por excelencia. Muy cultivada en Cataluña (Empordà, Priorat y Terra Alta), tiene mosto agradable con buena riqueza en azúcar y poca acidez. Debido a su buena calidad se encuentra frecuentemente en vinos no varietales. Se distingue por su consistencia, su buen nivel de alcohol y sus agradables toques a hierbas.

Gewürztraminer. Una gran uva centroeuropea, de sabor muy especiado, tradicional de la región de Alsacia y de Alemania. En España se cultiva especialmente en el Alt Penedès y en Somontano. Los vinos que produce son de gran intensidad aromática.

Godello (agudillo). Es una variedad blanca de gran calidad que se cultiva en Galicia, básicamente en Valdeorras y Monterrei, en la provincia de Orense, y en el Bierzo. Es muy aromática y glicérica, con un convincente nivel de acidez, una marcada fuerza alcohólica y un sabor agridulce muy satisfactorio al paladar. Origina vinos de crianza que están al nivel de los mejores blancos y que son perfecta compañía para las mariscadas, pescados, arroces marineros, verduras, etc.

Malvasía (blanquirroja, malvasía común, malvasía rosada, rojal, subirat, subirat parent, tobia y toloca). Variedad mediterránea, una de las más antiguas que se conocen, de procedencia griega. Se cultiva en distintas regiones de España, como Rioja, Toro y Canarias. Es ligeramente rosada en la maduración y la favorecen los terrenos altos y ventilados en donde la floración y fructificación se desarrollan en mejores condiciones. Se caracteriza por sus aromas frutales y florales fragantes, sutiles y complejos. Produce blancos secos y blancos dulces, aunque sobresalen los excelentes malvasías dulces de Lanzarote. Son deliciosos para las sobremesas y ofrecen un interesante contrapunto para acompañar quesos azules.

Merseguera (blanquilla, escañavella, exquitxages, gayata blanca, marisancho, masadera, meseguera, plata borda, plata de gos, troná y verdosilla). Variedad blanca típica del Levante español, vigorosa y de buena producción. Da vinos excelentes y finos en las zonas más altas, si la elaboración es esmerada, cualidades que disminuyen en situaciones más bajas y con elaboraciones menos cuidadas. Produce blancos con matices herbáceos y un tenue fondo almendrado.

Moscatel (apiana, moscatel de grano pequeño, moscatel de grano menudo y moscatel morisco). Variedad blanca muy aromática cultivada en Levante, Cádiz, Málaga y la cuenca media del Ebro. Es originaria del Mediterráneo oriental pero se cultiva desde hace siglos en España. Es fragante, intensa, floral y muy característica. Produce vinos dulces de distinto tipo, de los que sobresalen los moscateles jóvenes, intensos y frescos, muy aromáticos y de gran calidad. Su variante navarra de grano menudo es muy interesante y da estupendos vinos dulces. Potencian foies y patés, y perfuman postres a base de frutas y cremas. Contrastan muy bien con algunos quesos azules.

Moscatel de Alejandría (Isidoro, moscatel blanco, moscatel de España, moscatel fino, moscatel de grano gordo, moscatel de Málaga, moscatel de Valencia, moscatel flamenco, moscatel gorrón, moscatelón, moscatel real y moscatel romano). Variedad blanca con la que se elaboran mistelas principalmente. Sus vinos son muy aromáticos y nítidos, a la vez que fragantes y frescos cuando se trata de mistelas recién elaboradas. Su producción se concentra en Valencia, Cádiz, Málaga y la cuenca media del Ebro. En el Penedès, el moscatel asociado con otras cepas brinda interesantes vinos de reminiscencias alsacianas.

Palomino (albán, Jerez, listán, orgazuela, palomino de Chipiona, palomino de pinchito y temprana). Variedad blanca característica de Jerez, bien adaptada a sus suelos calizos y a su clima húmedo y cálido. De porte poco erguido, su rápida evolución favorece la elaboración de vinos generosos. Tiene poco cuerpo y un sabor fresco que recuerda las almendras amargas. De esta variedad provienen los grandes manzanillas, finos, amontillados y olorosos del Marco de Jerez, fieles compañeros de aperitivos, tapas, mariscos y frituras de pescado. Elaborado como vino de mesa carece de personalidad.

Parellada (martorella, montonés, montonera y montoneo). Variedad blanca que se cultiva mayoritariamente en las zonas altas de Cataluña. Es uva muy fina y de muy complicada elaboración, que produce unos vinos pálidos, delicadamente aromáticos, de poco grado y con poco cuerpo. Es una variedad excelente para la mezcla con otras variedades; armoniza especialmente en la producción de los cavas.

Pedro-Ximénez (Alamis, Pedro Jiménez, Pero Ximen y Pero Ximénez). Variedad blanca de porte muy erguido, con sarmientos vigorosos y fuertes, que se cultiva mayoritariamente en las provincias de Córdoba y Málaga. Produce vinos bien equilibrados, corpóreos, de buen grado alcohólico. Su rápida evolución las hace muy apropiadas para la obtención de vinos generosos secos y dulces que dejan en la boca una agradable y suave sensación. Responsable de uno de los mejores vinos de postre españoles.

Riesling (riesling renano). Es la variedad con la que se elaboran los grandes vinos blancos alemanes, como los elegantes y nobles de Alsacia, Mosela y Rin. Su producción es limitada y la uva, de grano pequeño y amarillento. En España se cultiva principalmente en Cataluña. Una penetrante acidez es el rasgo más destacado de este vino, que puede ser seco, graso, afrutado y fresco, con una amplia gama de sabores que incluyen la manzana, la lima o el melocotón. Su intensidad aromática y su cuerpo bien estructurado lo convierten en un vino de fuerte personalidad. Perfecto para acompañar pescados sabrosos y verduras.

Sauvignon Blanc (sauvignon blanco). Cepa que produce uva blanca de gran calidad. Uvas pequeñas que al madurar adquieren color dorado, muy aromáticas y de sabor fuerte y acídulo. Su cultivo tiene una gran relevancia en el valle del Loira y en la región de Burdeos, pero también se ha aclimatado y se ha convertido en referente de calidad fuera de Francia. En España se cultiva principalmente en Rueda (Valladolid), donde se obtienen excelentes varietales y estupendas mezclas con la autóctona verdejo y con la viura. Se produce también, aunque algo menos, en Cataluña. Da vinos con gusto a frutas tropicales y toques ligeramente florales. La crianza en barricas les proporciona gran personalidad y sabores más complejos. Perfectos para acompañar verduras, mariscos y pescados en salsas vegetales.

Treixadura (trajadura y verdilla rubio). La treixadura es la uva histórica de la zona del Ribeiro en Galicia. Es una uva de gran calidad pero su producción es muy limitada. Se asemeja al albariño, aunque presenta menos refinamiento y no es tan glicérica. Tiene un sabor que evoca a manzanas maduras, tonos florales y afrutado, y su combinación con el albariño da resultados excelentes.

Verdejo (botón de gallo blanco y verdeja). Es una excelente variedad blanca castellana, cultivada principalmente en Rueda. Aromática, de excelente estructura y equilibrio en la boca, produce blancos jóvenes muy afrutados, de color amarillo verdoso, de gran personalidad y persistencia en el paladar. Sus cualidades la han hecho, a lo largo de la historia, base de buenos vinos rancios de larga crianza en toneles, los así llamados «vinos de solera». Armonizan bien con arroces, mariscos y pescados.

Viura (alcañón, daroca, lloza y macabeo). Variedad blanca de origen riojano, mayoritaria en el valle del Ebro y Cataluña, donde aporta cuerpo y estructura en la elaboración del cava. También se utiliza para elaborar los clásicos vinos blancos de crianza en Rioja. De buena producción, necesita una buena exposición pues es de difícil maduración. Su mosto es algo agridulce y de una correcta riqueza en azúcar, pero cuando no madura bien tiene un particular sabor ácido. Su lenta evolución oxidativa es favorable para la crianza en roble. Los vinos son pálidos y con buena acidez si la vendimia es oportuna, pues de pasarse pierden sabor y resultan herbáceos. Aromas definidos de manzana, enriquecidos con los característicos de la crianza en barrica. Produce buenos vinos jóvenes, frescos y afrutados, ideales para acompañar pescados al horno, bacalaos, aves en pepitoria, etc.

Xarel.lo (cartuja, cartoixa, pansá blanca, pansal, pansalet, pansar y xarello). Variedad blanca vigorosa y muy productiva, es una de las más emblemáticas de Cataluña y se utiliza tradicionalmente para la elaboración del cava, al que aporta cuerpo, acidez y capacidad de envejecimiento. Da vinos armoniosos y de gran cuerpo. Ofrece aromas característicos a hierbas. Los cavas no sólo son excelentes aperitivos sino que acompañan muy bien pescados, mariscos y arroces.

Uvas negras

Bobal (coreana, provechón, Requena, tino de zurra y valenciana tinta). Variedad con personalidad mediterránea y característica del altiplano de Levante. De porte poco erguido, con sarmientos largos y fuertes, es vigorosa, rústica y resistente a la sequía. Tiende a la oxidación rápida, por lo que se convierte en un excelente complemento de la tempranillo. Produce mostos tintos de color intenso pero de grado no excesivo, no demasiado dulces, un poco ásperos, con tonos muy brillantes por su alta acidez. Jóvenes vinos que brindan buena compañía a elaboraciones y salsas con vegetales que devienen dulces al cocinarse, como la cebolla o el tomate. Da lugar también a rosados frescos y afrutados. De aroma fresco, con rasgos rústicos poco intensos, sabor fresco, tánico y algo afrutado, perfectos para acompañar aperitivos o entrantes ligeros, pastas, verduras, arroces suaves, etc.

Cabernet franc. Variedad originaria de Burdeos, pariente de la cabernet sauvignon, que en España se cultiva mucho en zonas de Castilla y Galicia y en el Penedès. Origina vinos suaves y afrutados.

Cabernet sauvignon (Burdeos tinto y caiño francés). Variedad noble, típica de los vinos tintos de Burdeos y la más internacional y extendida en el mundo. La cepa, originaria del Medoc (Burdeos), se ha aclimatado muy bien en España, principalmente en zonas de Navarra, Penedès y Ribera del Duero. La producción tiene un rendimiento bajo y la maduración es tardía, por lo que su cultivo óptimo requiere climas templados con otoños suaves. Sus frutos son pequeños y muy oscuros y produce vinos muy tánicos y de color intenso. Sus grandes cualidades la convierten en la variedad óptima para añadir excelencia a los coupages. Da excelentes vinos de crianza, de intenso color y característicos aromas a violeta y grosellas en los vinos jóvenes y a madera de cedro en los más maduros. De gran versatilidad gastronómica, resultan el compañero ideal de una carne roja no muy elaborada, aunque acompañan bien guisos y preparaciones con contenido vegetal.

Cariñena (crusilló, mazuela y santsó). La uva tinta cariñena, llamada mazuelo en La Rioja, es una de las variedades más antiguas cultivadas en España y predominante de los vinos tintos catalanes. Su cultivo es complicado y muy sensible a las plagas. Agradece áreas cálidas y bien ventiladas. Da vinos de aromas bastante ligeros pero en contrapartida ofrece mucho tanino y gran color, lo que la convierte en el refuerzo ideal de otros tintos. Es el complemento excelente de la garnacha —a la que aporta acidez, nervio y color—, mezcla que produce los vinos más característicos, valorados y con mayor carácter en suelos del Priorat. Posee el mosto más duro, con poco nivel oxidativo, lo que le asegura potencial para crear vinos estructurados e ideales para el envejecimiento. Excelentes compañeros de platos de caza y otras elaboraciones sabrosas y contundentes.

Garnacha tinta (aragonés, gironet, lladoner, Navarra, tinto aragonés y tinto de Navalcarnero). Es una uva tinta de fácil cultivo y buena producción, lo que la convierte en la variedad tinta más plantada en España. De porte erguido, con sarmientos finos y frágiles, es rústica y resistente a la sequía. De brotación y maduración tardía, produce vinos tintos de color granate, levemente amoratado cuando son jóvenes, con mucho cuerpo, frutosidad y carnosidad, cualidades que la convierten en un excelente complemento para realizar buenas y equilibradas mezclas. Son vinos de un elevado contenido alcohólico, generalmente poco ácidos, con dulces notas frutales, que pueden acompañar muy bien canelones, lasaña, aves de corral, algunas carnes y muy especialmente especias mediterráneas como el romero, el tomillo o el orégano. Su tendencia a la oxidación dificulta una crianza prolongada, pero se aprovecha para elaborar vinos rancios y de postre.

Garnacha tintorera (Alicante y tintorera). Variedad cultivada en las mismas regiones que la monastrell, se caracteriza por su pulpa tinta y su contenido muy rico en taninos y colorantes. Produce vinos robustos, de elevado extracto y sorprendente textura, que con el tiempo adquieren un color rubí teja y una gran suavidad. Esta excelente uva tiene gran reputación para el coupage de grandes vinos fuera de nuestro país.

Mencía (loureiro tinto). Variedad tinta asentada en el noroeste español, en Galicia y en la zona norte de la cuenca del Duero, más concretamente en la comarca de León y en el Bierzo. Da vinos intensos y afrutados, con un color vivo y potente, aromáticos (frutales, florales) y de buena acidez. Muy adecuada para elaborar tintos mediante maceración carbónica. Se parece mucho a la cabernet franc. Son vinos ideales para acompañar elaboraciones con presencias vegetales, como las menestras o los platos gallegos de pulpo.

Merlot. Variedad de origen francés, de Burdeos como la cabernet sauvignon, cultivada principalmente en Somontano (Huesca) y Cataluña y algo menos en Navarra, Ribera del Duero y La Mancha. Generalmente se utiliza mezclada con la cabernet sauvignon u otras variedades nobles para redondear los vinos y acelerar su crianza. La uva es de color oscuro azulado y de piel muy gruesa y da tintos de buen color, jugosos y afrutados, de sabor elegante y con notas características de grosellas negras y picotas, con buena capacidad de envejecimiento. Si bien son vinos con gran versatilidad gastronómica, las preparaciones con un cierto punto de dulzor, como la carne de cerdo asada con piña, por ejemplo, sintonizan muy bien con su frutosidad. Son buenos compañeros de pescados de suave textura y preparaciones con presencias vegetales.

Monastrell (alcayata, churret, garrut, mataró, morastell, murviedro, negralejo, ros y vereda). Variedad tinta típica de toda la zona de Levante. De porte muy erguido, con sarmientos gruesos y cortos, es muy rústica y muy resistente a la sequía, de evolución rápida. Produce vinos de mucho extracto e intenso color, de graduación alcohólica muy elevada, especialmente cuando se retrasa la maduración. Es una uva muy dulce, por lo que tradicionalmente se ha usado en la elaboración de vinos rancios y de postre. Su aroma recuerda a uvas maduras y pasificadas y su sabor es potente y de gran frutosidad. Sintoniza bien con platos de caza y elaboraciones con notas dulces y contenido vegetal.

Moristel (Concejón, Juan Ibáñez). Variedad tinta que se cultiva en las D. O. de Cariñena y Somontano. Produce vinos tintos intensamente afrutados (frutos rojos silvestres), muy adecuados para consumir jóvenes sin crianza.

Pinot noir (pinot negro). Es la cepa tradicional de Borgoña y Champagne. En España se cultiva principalmente en Cataluña, en las regiones del Penedès, Costers del Segre y Somontano. Sus uvas son pequeñas, de piel oscura de color violáceo y de gran fuerza colorante, aunque el color tiende a perderse con relativa rapidez y a tornarse anaranjado. De difícil aclimatación fuera de su región de origen, la producción es baja para obtener buena calidad, y las características de los vinos que da dependen mucho del terreno en el que se cultiva y de la calidad del proceso de elaboración. Durante su juventud pueden ser ligeros, suaves y con aromas y sabor de fruto estival. Los criados en barrica de madera pueden resultar más densos y robustos, con complejos aromas de trufas y frutos maduros. Armonizan bien tanto con platos de carne sencillos como con los más elaborados. Asimismo acompañan bien a los pescados más contundentes, como el salmón o el atún. Ideales para servir con arroces, calamares y sepias en su tinta.

Prieto picudo. Variedad característica de la región leonesa, vigorosa y resistente, de excelente calidad, con la que se elaboran vinos de buena estructura, de color cereza oscuro y agradables aromas afrutados.

Syrah (shiraz). Es una variedad que se cultiva mayoritariamente en Francia y en Australia. Los frutos son pequeños y de sabor agradable. Su cultivo requiere climas cálidos. En España se cultiva principalmente en Jumilla, pero también en Castilla-La Mancha, el Duero y La Rioja. Sus vinos son muy especiados, grasos y de muy dulce frutosidad, con un típico aroma a violeta. Muestran su gran carácter y plena intensidad a partir de los dos años de evo-

OTRAS CEPAS EN ESPAÑA Y EL MUNDO

CEPA	TIPO DE UVA	LUGAR
Albillo	Blanca	Cebreros, Gran Canaria
Barbaresco	Negra	Gaia
Barolo	Negra	Piamonte
Chenin Blanc	Blanca	California, valle del Loira, Sudáfrica, Argentina, Chile
Gamay	Negra	California, valle del Loira, Beaujolais
Graciano	Negra	Valle del Cinca
Hondarribi Beltza	Negra	Vizcaya
Hondarribi Zuri	Blanca	Vizcaya
Listán	Negra	Canarias
Loureiro	Blanca	Norte de Portugal
Malbec	Negra	Ribera del Duero
Malvar	Blanca	Madrid, Guadalajara, Toledo
Merseguera	Blanca	Levante, Lérida, Tarragona, Teruel
Nebbiolo	Negra	Piamonte
Negramoll	Negra	La Gomera, Gran Canaria
Pardillo	Blanca	Albacete, Badajoz, Cuenca
Petit Verdot	Negra	Burdeos, California
Pinot Grigio o Gris	Blanca	Italia, Alsacia, Australia, California, Alemania, Austria, Eslovenia
Pinotage	Negra	Sudáfrica
Sémillon	Blanca	Burdeos, Australia, Argentina, Chile
Torrontés	Blanca Argentina	Galicia, La Gomera, Gran Canaria,
Zalema	Blanca	Condado de Huelva
Zinfandel	Negra	California

lución después de la vendimia. Su gran potencia los convierte en óptimos compañeros de todo tipo de caza menor y platos invernales.

Tempranillo arganda, cencibel (Mancha), jacinera, tinta roriz, tinta santiago, tinto de La Rioja, tinto fino (Rioja), tinto del país (Ribera), tinto de la Ribera, ull de llebre (Cataluña) y verdial. Variedad tinta de gran calidad y prestigio, considerada la uva noble española por excelencia. Con producción moderada, de porte erguido con sarmientos largos de color claro y entrenudos largos, su nombre proviene de su maduración temprana. Los mostos que produce son muy equilibrados, con un característico color rubí en los vinos obtenidos, con marcados aromas frutales que recuerdan a frutos del bosque (mora, grosella, arándanos), especialmente en los vinos jóvenes. Tienen moderada acidez y escaso poder oxidante, lo que les permite un largo envejecimiento en barricas de roble y botella. Puede considerarse que es la variedad tinta de España con mayor calidad. Cuando son jóvenes acompañan bien salsas ligeras y aromáticas, huevos y tortillas, embutidos suaves, aves, pastas y carnes tiernas. Ya maduros, sintonizan bien con carnes y platos fuertes.

Las denominaciones de origen

El uso de las denominaciones de origen proviene del primer tercio del siglo XIX, concretamente del año 1926. La primera región que obtuvo este certificado, que asegura su calidad y su procedencia, fue La Rioja, cuna de algunos de los vinos más famosos de toda España. Pero esto es la culminación de los primeros acuerdos internacionales, como el Convenio de París de 1883 y el Arreglo de Madrid de 1891, que dieron origen a la Oficina Internacional de la Viña y el Vino.

Aproximadamente, en la actualidad, dos terceras partes de todo el vino embotellado en nuestro país gozan de denominación de origen.

Las denominaciones de origen españolas que existen hoy en día son:

Abona, Alella, Alicante, Almansa, Empordà-Costa Brava, Bierzo, Binissalem-Mallorca, Bullas, Calatayud, Campo de Borja, Cariñena, Cava, Chacolí de Bizcaia, Chacolí de Getaria, Cigales, Conca de Barberà, Condado de Huelva, Costers del Segre, El Hierro, Jerez-Xérex-Sherry y Manzanilla-Sanlúcar de Barrameda, Jumilla, La Mancha, La Palma, Lanzarote, Málaga, Méntrida, Mondéjar, Monterrei, Montilla-Moriles, Navarra, Penedès, Pla del Bages, Priorat, Rías Baixas, Ribeira Sacra, Ribeiro, Ribera del Duero, Ribera del Guadiana, Rioja, Rueda, Somontano, Tacoronte-Acentejo, Tarragona, Terra Alta, Toro, Utiel-Requena, Valdeorras, Valdepeñas, Valencia, Valle de Güimar, Valle de la Orotava, Vinos de Madrid, Ycoden-Daute-Isora, Yecla.

Etiquetado de las botellas

Las etiquetas tienen una doble función en las botellas de vino. Por un lado, pretenden atraer la atención del futuro consumidor, y por otro, aportan informaciones útiles y de interés. Dejando a un lado la primera cuestión, bastante subjetiva (incluso hay marcas prestigiosas cuyas etiquetas no dicen mucho, la verdad), nos centraremos en la segunda.

Las informaciones que debe incluir una correcta etiqueta en una botella de vino son: la marca, el nombre de la bodega, el lugar de origen o procedencia, la graduación alcohólica y la capacidad del envase. También es conveniente, aunque no siempre se especifica, que incluya: la añada, los tipos de uva y si se ha tenido en barrica de madera o no. Menos habituales, y a la discreción de la bodega, pueden contener datos como el porcentaje de variedades de uva, consejos para la cata, métodos de elaboración o conservación, etc.

La armonía en la mesa

Sin duda hay una enorme subjetividad y fantasía en el juego armónico entre los vinos y los platos, pero también existe una vieja ciencia gastronómica que aporta sus técnicas, y que debemos conocer y valorar. Desde el comienzo de la historia, hombres y mujeres, con sonoros nombres o completamente anónimos, han contribuido, ya sea a través del comentario erudito o desde la modestia de los pucheros, al descubrimiento de este arte que tanto se relaciona con el placer y la sabiduría del buen vivir. Grandes sabios de la Antigüedad o de nuestro tiempo (hasta la misma santa Teresa de Jesús, representando a las mujeres en su callado quehacer diario), han hecho de la gastronomía una ciencia que llega a la cumbre con nombres tan prestigiosos como César Ritz o Augusto Escoffier, padre este último de la nouvelle cuisine.

El secreto fue la armonía: encontrar el equilibrio entre el ambiente y el plato, entre el plato y el vino, entre el comensal y sus más íntimos sueños y anhelos...

El maridaje de los vinos

Gracias a la creciente variedad de vinos, siempre se podrá encontrar un caldo que armonice, o contraste acertadamente, con un determinado plato, aunque pertenezca a la categoría de aquellos tan difíciles de maridar como las vinagretas, los chocolates o los helados.

Claro está que en gustos y armonías no se puede ser completamente taxativo (suele decirse que sobre gustos no hay nada escrito, pero ¡habría que ver sobre qué se ha escrito más a lo largo de la historia!). La temperatura ambiente, por ejemplo, puede influir mucho en la elección de un vino. Un rosado que convenga a un cierto plato en ambientes cálidos o en las proximidades del verano, quizá deba transformarse en un tinto suave, muy poco tánico y servido fresco, si el clima es menos caluroso.

Las razones que dan a los vinos blancos un lugar privilegiado en nuestra gastronomía son, a mi entender, de tipo psicológico y fisiológico. Sus colores pálidos, sus aromas, tan cercanos al de la uva, sus sabores ligeros y refrescantes, su frescor ácido y, sobre todo, el hecho de tomarse fríos, son aspectos que permiten saborearlos sin la necesidad de que vayan acompañados de una comida. Es indudable que, de esta experiencia, se extrae la comprensión del papel crucial que desempeña el color en nuestros alimentos. Los vinos blancos armonizan mejor con las carnes de ave y las salsas blancas o ligeramente tostadas, pues los colores predisponen las armonías de los sabores.

No se ha de olvidar que, dentro de la gama de blancos, tenemos los criados en madera —que rivalizan con los tintos con indiscutible derecho—, y los blancos dulces. Cuando los vinos blancos se sirven bien fríos, ensamblan con platos ricos en componentes grasos, dejando aparte las clásicas armonías como la del foie gras con el sauternes.

La rica complejidad de los vinos tintos los predispone para acompañar platos de mayor carga armónica y superior entidad de sabores. Su color oscuro y la variedad de matices que ofrece su sabor, nos remiten a los bosques, las flores y los frutos. Los vinos tintos armonizan perfectamente con las carnes rojas y la caza, y también combinan bien con las aves y los pescados bañados en salsas espesas y sustanciosas.

Sauternes y foie gras, una combinación clásica y exquisita como aperitivo o entrante.

En estos casos, es siempre imprescindible controlar que el punto de salado o dulzor del plato sea el adecuado, ya que los compuestos taninos se agudizan ante el exceso de estos dos sabores básicos. Como dice el virtuoso anciano que cuida de los fogones en el restaurante «El Terete de Haro» (una sublime catedral de las armonías, ubicada en La Rioja): La sensación de amargor que puede provocar la carga tánica, se suaviza con un magnífico cordero asado «con muchos reposos». El sabor ligeramente amargo y astringente de los vinos tintos se fusiona químicamente con las sustancias nitrogenadas de las carnes, con la saliva en la masticación, con las pastas de los quesos y con los fondos de las salsas, favoreciendo el propio sabor y la complejidad del alimento. Cada carga tánica del tinto armoniza con cada tipo de carne o salsa, y serán el arte y la habilidad del gastrónomo los que consigan el perfecto y definitivo equilibrio entre estos elementos. Otro aspecto que conviene tener en cuenta es la saturación que se produce en nuestros sentidos a medida que transcurre la comida. Es imprescindible que programemos distintos y sugerentes estímulos para evitar que disminuya la percepción de los sabores, y que, además, estemos abiertos a experimentar con otros nuevos. Lo más adecuado a este respecto, como aconsejan los sumilleres, es no «atacar muy alto», es decir, comenzar por un vino que dé realce y no eclipse a la gran botella que hemos escogido para acompañar al plato principal.

Hay quienes recomiendan servir la comida un cierto tiempo después del vino, para que éste vaya estimulando las papilas gustativas antes de saborear el primer plato, lo que tiene como función excitar los sentidos y favorecer que el alimento se luzca en todo su esplendor. Gran parte de la puesta en escena de una buena mesa consiste o radica en ir graduando las sorpresas de un modo satisfactorio y eficaz. Cuanto más exquisito sea el vino, más cuidado ha de ser el servicio y todo el ritual que lo acompaña. Se debe anunciar la llegada del vino para aguijonear la atención de los comensales, y siempre han de dedicársele unos momentos de conversación, con el objeto de destacar sus características y comentar sus impresiones personales con quienes lo están degustando. El arte del servir correctamente se mide en la capacidad de los anfitriones de mantener, a lo largo de toda una comida, la impresión de armonía y satisfacción que induce el placer de la buena mesa.

El placer de la buena mesa

En el universo de los placeres, tal vez hay pocas cosas que sean tan desconocidas como las razones que nos llevan a apreciar la calidad de los distintos sabores que armonizan en una comida. Existen distintas percepciones, donde participan todos los sentidos a la vez, en un juego de progresión que puede resultar fascinante e incluso llegar a mostrarnos una nueva dimensión en nuestra experiencia cotidiana.

Desde el rumor lejanísimo de los cacharros de la cocina hasta el suave crujir de una carne bien dorada al ser escalopada con esmero, todo ello suscita un juego de estímulos que predisponen las glándulas salivales para el placer de la degustación. Los ojos se lanzan ávidos a la caza de la armonía, los manteles impecables, el servicio bien colocado, la cristalería impoluta, todo en una acertada combinación de colores y con la cálida iluminación de un buen ambiente. La temperatura adecuada, ni fría ni excesivamente cálida, quizá con la presencia de una chimenea que ofrezca un ambiente íntimo de sutiles aromas, casi imperceptibles de tan delicados.

Todo está listo y en nuestro cuerpo se han despertado los instintos del cazador que llevamos dentro desde nuestros más lejanos ancestros. Buscamos en el aire el perfume revelador del nuevo placer; la copa se llena con el vino adecuado, los platos nos regalan la armonía de las especias justas y comenzamos a disfrutar de la magnífica experiencia que da el comer como, antaño, debieron de hacerlo los dioses. Lograr estas armonías y prepararnos para deleitar el paladar son una misma cosa. Nuestras glándulas salivales han dotado a este órgano sensible del marco adecuado, de los jugos perfectos donde producir esa apasionante y alquímica práctica: el tacto descubre las texturas y el gusto nos ofrece experiencias que encuentran en nuestro cerebro maravillosas referencias, en un marco de aromas y perfumes que han nacido para combinarse.

Comer es sólo eso, ingerir alimentos para aportar la energía necesaria al organismo. Así de prosaico. Degustar, en cambio, es conceder al disfrute su tiempo y su momento, y para ello hay que llenar nuestra memoria con las experiencias vividas, las esencias del conocimiento y la comprensión de sus íntimos mecanismos.

Aspectos visuales

Antes de saborear un caldo en el paladar o percibir sus aromas con la nariz, hay que contemplarlo con la mirada, que seguro nos revelará muchas cosas acerca de él. Hay ocasiones en que oímos a personas más sensibles que el común de los individuos, y más habituadas a percibir las armonías, hacer comentarios como: «La comida estaba bien pero ese cuadro la ha matado». Quizá sea una exageración pero, en ocasiones, tales afirmaciones son ciertas y exactas, pues un aspecto muy importante en el placer de la comida subyace en que los colores del entorno nos ofrezcan, no únicamente el realce del frescor y la calidad de los alimentos, sino la posibilidad de estimular, a través de sus tonos, el deseo y el placer de comer. El verde de las verduras nos habla con elocuencia de su frescor, su aspecto crujiente y ligero; el rojo de la carne nos convence de su calidad e intensidad de sabor.

El verde de las hortalizas y verduras nos habla de su calidad y de su frescor.

La milenaria cocina china, por ejemplo, destaca por haber hecho todo un arte del colorido de sus puestas en escena, y de la armonía y combinación de colores en sus comedores.

El buen cocinero cuida especialmente la presencia de sus platos y exige que todos los productos estén bien frescos. Si no vigilamos este aspecto, o lo desatendemos, es posible que lleguemos a encontrarnos con que el rojo intenso de la carne ha tomado un matiz parduzco por el efecto de la oxidación, o que las frutas y las verduras adoptan unos tonos más bien grisáceos o marrones, lejos de ese verde natural tan vigoroso. Lo más adecuado si se quiere evitar este problema consiste en refrigerar los alimentos, lo cual tiene como objeto ralentizar las propias enzimas de la autolisis y los efectos de la oxidación.

En la cocción se desnaturalizan los fermentos y se reduce la oxidación. Sin embargo, en el caso de las verduras ha de efectuarse con gran pericia y nunca en ambientes cerrados, para que no pierdan su color y adquieran ese tono triste de los hervidos poco talentosos. Los mariscos, por el contrario, adquieren con la cocción una tonalidad más intensa que el apagado aspecto que muestran cuando están frescos. Otro truco para obtener un resultado similar, y no perder así el aspecto apetitoso de los colores, consiste en salar los productos, bloqueando las enzimas, o ahumarlos.

Por otra parte, algunos aditivos son buenos conservantes del color, y muchos condimentos, como el azafrán, se emplean en las comidas para potenciar el efecto del color y estimular nuestras expectativas de una buena y apetitosa degustación.

Hay mucho misticismo y muchas leyendas en torno a los colores y su efecto gastronómico. Hay quienes no pintan el comedor de azul ni sirven la mesa con un mantel del mismo color para evitar calamidades y desgracias. Es verdad que los colores rojos toman unos matices marrones en un ambiente azulado; o que los vinos blancos verdean y el tono cereza de un buen tinto pasa a ser historia, pero esto es debido únicamente a un efecto óptico que, injustamente, puede contrarrestar el arte del cocinero. No obstante, como el gusto tiene una gran parte de aprendizaje, y la respuesta a un estímulo está relativizada por la experiencia y no por los efectos de una determinada luz, creo que si se repite la práctica, las apreciaciones mejorarán notablemente.

El color en los vinos

El vino siempre ha de mostrarse brillante y transparente, con independencia de su color. La turbidez es indicadora de alguna clase de defecto de producción o conservación. La edad es uno de los factores que más afectan al tono que adquiere un cierto vino, ya sea blanco, tinto o rosado. En el caso de los blancos, el envejecimiento va tornándolos de amarillo pálido en ocre. Si un blanco se ve de color pardo, es que ha entrado en su fase de decadencia, y seguramente está estropeado, al haber perdido todas sus cualidades. El vino tinto también puede llegar a ese tono pardusco oscuro que revela su ocaso.

Aspectos aromáticos

Es notable observar a un viejo maestro de cocina reconocer si un guiso está demasiado salado o defectuosamente soso, sólo con el sentido de su olfato, gracias al perfume que se desprende de la cazuela.

Así, la nariz de todo buen cocinero es tanto o más sutil que la de un perfumista, y el éxito de su guiso consistirá en armonizar todos aquellos estímulos sensoriales que se ponen en marcha cuando saboreamos un plato.

Una vez en la mesa, es también imprescindible que el alimento que se ha elaborado cuidadosamente se integre en el ambiente; que combine adecuadamente con el aroma de los vinos, con la calidez de la chimenea encendida, con la luz de las velas y con el perfume de las flores que adornan la mesa.

Es igualmente de gran importancia escoger las flores adecuadas y evitar que su fragancia contrarreste el aroma de los vinos. Puede parecer algo trivial o insustancial, pero no lo es en absoluto. Las rosas, por ejemplo, van bien con las carnes, mientras que los jazmines, con los vinos aromáticos como los riesling. Si no controlamos estos aspectos, o tememos equivocarnos, es mejor utilizar flores sin aromas, de colores claros y neutros, blanco o amarillo pálido, pero nunca una flor altamente perfumada como el nardo. También se ha de tener cuidado con las frutas. Si el frutero está muy cerca y contiene manzanas verdes, fresas recién cogidas o piña, aunque puede resultar un recurso muy decorativo, será mejor situarlo en la zona donde se sirvan los aperitivos o las ensaladas, y nunca en el comedor principal, para evitar que se mezclen aromas difíciles de combinar. Ponga los nardos donde hayan de lavarse las manos los comensales, pero lejos de la comida o los vinos.

La sal no desprende olor y nos demuestra que los aromas no siempre se corresponden con los sabores, ni los sabores con los olores. Sin embargo, la sal potencia y libera muchos aromas durante la cocción, especialmente en las carnes doradas a alta temperatura. Muy a menudo, los componentes de los aromas son consecuencia de la asociación con compuestos aromáticos que son percibidos como aromas por el centro olfativo, y como sabores por las papilas gustatívas de la boca. Muchos de los productos alimenticios son de gran fragilidad y altamente sensibles al calor, como la pimienta y el perejil. Otros, como algunos frutos cítricos cargados de terpenos, producen un alto efecto aromático cuando se encuentran en las distintas variedades de vino. Diversos cuerpos aromáticos son afines a las grasas, como los alcanos y alquenos, que proporcionan unos matices afrutados.

El universo aromático es tan amplio que hay que conceder a la memoria un espacio para integrar nuevos aromas, que convivan junto a los que ya reconocemos y que tantas veces nos evocan gratos recuerdos de la niñez, el amor o la satisfacción.

El aroma en los vinos

Aunque suelen emplearse como sinónimos, el aroma y el buqué son términos algo diferentes. El primero debe emplearse para especificar el olor de un vino joven, mientras que el segundo hará referencia al de un vino maduro.

Entre los distintos olores que puede ofrecer un cierto vino, encontramos aromas a frutas, ya sean tropicales, cítricos, del bosque, etc; aromas a roble o madera en general, a vainilla o mantequilla; aromas especiados, florales, etc. No todos los aromas tienen una connotación positiva, ya que algunos indican ciertos defectos en el vino. A continuación tiene una tabla de aromas simplificada:

Aroma afrutado. Limón, pomelo, mora, fresa, frambuesa, grosella, melocotón, manzana, cereza, piña, plátano, melón, higo, ciruela, pasa.

Aroma a frutos secos. Nuez, avellana, almendra.

Aroma vegetal. Hierba recién cortada, pimiento, menta, eucalipto, judía, espárrago, aceituna verde o negra, alcachofa, té, tabaco.

Aroma a caramelo. Miel, toffee, mantequilla, chocolate, melaza.

Aroma a madera. Vainilla, roble, cedro, humo, café.

Aroma a especias. Anís, regaliz, pimienta negra, clavo.

Aroma a flores. Violeta, rosa, geranio, flor de azahar.

Aroma terroso. Corcho, moho, setas, polvo.

Otros aromas. Caballo, sudor, ácido láctico, levadura, óxido, alcohol, mentol, jabón, pescado, azufre, ácido acético, etanol, cartón, lana húmeda, col hervida, ajo, caucho, plástico, alquitrán, aceite.

El entorno

Todas las técnicas culinarias, todas las recetas, toda la magia de un plato exquisito o de un vino excelente, pueden triunfar o no gracias al sabio manejo del entorno en que se sirven y, desde luego, a las circunstancias y disposición anímica de los comensales que han de degustarlo.

No es lo mismo una cena formal, que puede estar cargada de afabilidad pero esconder un trasfondo tenso, que una alegre celebración o una cena íntima y romántica. En todos los casos, sin embargo, hay que contar con nuestra propia habilidad para lograr los mejores resultados. Muchas veces conviene elegir un vino a gusto de nuestro invitado, que aprecie por su origen, para que todo le resulte más familiar. Otras veces, se le ha de ofrecer la botella que él mismo nos regaló hace algún tiempo, siempre que el menú se ajuste al vino. Sea generoso desde el primer momento y logrará los mejores resultados en la velada. Si tiene dudas a la hora de elegir los vinos, opte por caldos jóvenes de sabor afrutado y tonificante vigor. Valore las circunstancias y la temperatura según la época del año. La hora del día también influye en la elección, pues en una comida es mejor decantarse por vinos más jóvenes, mientras que en las cenas resulta preferible lucirse con los vinos de mayor entidad.

Tenga muy presente la temperatura ambiental, así como la de los vinos. No dude en dejar un tinto en un cubo con hielo si la temperatura del entorno es muy elevada. Dedique también un tiempo a escoger la música adecuada, pero recuerde que ésta ha de ser un mero complemento y no la nota dominante. No importa qué tipo de música elija, aunque es bueno recordar que la música de cámara era la habitual en la época del barroco para acompañar este tipo de veladas. Las composiciones de Bach, Corelli, Vivaldi o Monteverdi son, con ciertas canciones irlandesas y algunos lieder, gratas compañías para una velada en la que los placeres de la buena mesa y la animada conversación han de ser los únicos protagonistas.

Los sabores

En lo que atañe a la degustación, y a despecho de todo lo anteriormente dicho, lo más importante es, indudablemente, el sabor. Más adelante iremos conociendo los instrumentos con que nos ha dotado la naturaleza para la detección de los sabores, y abordaremos el tema de las concordancias y armonías desde dos puntos de vista: el gastronómico —las artes de la cocina— y el enológico —el del mundo de los vinos—, buscando los secretos y los estímulos que han de combinarse para nuestro placer y el lucimiento de nuestra mesa. Por ahora, nos contentaremos con la tabla siguiente, en la que se especifican los términos habitualmente usados para describir los sabores o las impresiones que causa un vino al degustarlo:

- **Aguja:** picor leve en la lengua que provocan los vinos jóvenes y ligeros.
- **Austero:** demasiado duro y sin aromas frutales.
- **Basto:** áspero, tosco.
- **Complejo:** que contiene una importante cantidad de matices distintos.
- **Compota (sabor a):** carencia de frescura.
- **Contundente:** tinto con cuerpo, pesado y graso.
- **Delgado:** pobre en matices.
- **Duro:** muy ácido o tánico.
- **Elegante:** exquisito y armónico en su equilibrio.
- **Graso:** que aporta sensación de plenitud en el paladar.
- **Herbáceo:** que tiene un cierto gusto a hierba y hojas.
- **Nervio (con):** de aplicación habitual al vino blanco, indica una acidez pronunciada.
- **Pesado:** de alta graduación alcohólica, pero sin frescura y acidez.
- **Precoz:** de pronta madurez.
- **Profundidad:** calidad de un vino de poseer múltiples di mensiones.
- **Raspón:** aplicado a los tintos, especifica su carácter delgado y algo verde.
- **Suave:** similar al tacto del terciopelo, carente de aristas.
- **Vegetal:** fondo de aroma a repollo o coles.
- **Vivaz:** fresco y alegre.

El sentido del gusto

Es necesario ser conscientes de que el gusto, en su acepción más estricta, es esencialmente un «sentido químico». A través de los órganos sensitivos recibimos los estímulos exteriores. Cada receptor envía una serie de señales que llegan a nuestro cerebro. Al proceso que se realiza en éste a partir de dichas señales, se llama sensación del gusto.

Pero debemos tener en cuenta que el origen semántico del término «gusto» se encuentra más ligado a una concepción social que a su misma naturaleza sensitiva. El sentido del gusto mantiene un estrecho vínculo con lo psicológico y con la memoria, ya que una vez recibido el estímulo exterior lo manifestamos en forma de percepción. Y la percepción se basa en nuestro conocimiento previo, en la interpretación y reconocimiento de un cierto estímulo.

Tanto el sentido del gusto como el sentido del olfato son fruto de una acción química, y aunque los estímulos se perciben de forma distinta, ambos intervienen en nuestro aprendizaje y desempeñan un papel crucial.

Más adelante comentaremos las implicaciones que pueden tener otros sentidos, como el olfativo o el táctil, en la completa y compleja percepción del gusto.

La anatomía del gusto en pocas palabras

La boca es una cavidad que consta de dos partes diferenciadas: el vestíbulo externo o anterior, limitado por los labios y las mejillas; y la cavidad bucal propiamente dicha, separada del vestíbulo por los arcos alveolares, sustentadores de los dientes y las encías.

Los arcos alveolares formados por los huesos maxilares la dividen en dos partes: el atrio, entre los labios, las mejillas y los dientes —generalmente colapsado y virtual—; y una parte interna, que es la cavidad bucal misma. Ésta, a su vez, presenta una región superior, entre el paladar óseo y su continuación blanda y la lengua, y otra zona entre la propia lengua y el suelo de la boca.

La lengua, un órgano muscular móvil, es fundamental en el sentido del gusto, la masticación y la deglución de los alimentos y la modulación de la voz. Los nueve músculos que la componen garantizan una extraordinaria movilidad. Los músculos extrínsecos fijan la lengua a distintos puntos externos, mientras que los músculos intrínsecos, que discurren de forma vertical, transversal y longitudinal, permiten muchos y diversos movimientos.

En la masticación, la lengua empuja los alimentos contra los dientes; en la deglución —como veremos con detalle más adelante— lleva los alimentos hacia la faringe y, más tarde, hacia el esófago, cuando la presión que ejerce hacia el interior provoca el cierre de la tráquea.

Como principal órgano del gusto, la lengua tiene papilas gustativas, que contienen los receptores gustativos, y que se encuentran dispersas por toda su superficie. Los distintos receptores aparecen concentrados en determinadas zonas de la lengua. De esta manera, los sabores dulce y salado son detectados en la parte anterior; el ácido o agrio, en los lados, y el amargo, en la parte posterior dorsal.

El acto de beber se realiza por simple aspiración. La succión necesaria se obtiene cerrando las fauces y, al mismo tiempo, efectuando un movimiento combinado del músculo buccinador (el que forma las mejillas) y de la lengua, que se deprime, generándose un relativo vacío en la cavidad bucal que permite, con ayuda de los labios, dispuestos a tal efecto, cargar el líquido. Los labios son los responsables de regular la proporción de aire y líquido que se capta, y hay que reconocer que lo hacen con una indiscutible maestría.

El acto de deglutir es un proceso complejo que involucra a la boca, el área de la garganta y el esófago (el tubo que transporta el alimento hasta el estómago). La lengua aplasta el líquido contra el paladar y lo dirige hacia la parte posterior, mientras un sistema doble de seguridad se pone en marcha: en la parte superior, el velo del paladar, la úvula —o campanilla— y los músculos de los pilares que cierran las fosas nasales; y por la parte inferior, la lengua, la epiglotis y los mismos músculos de la faringe, que cierran la laringe para que no se desvíe parte del líquido hacia las vías respiratorias. Si aun así se produce algún tipo de alteración, nos queda el recurso de la tos y el barrido de los cilios de sus células, para asegurar el proceso. El líquido deglutido no se derrama hasta el estómago, sino que es transportado en «paquetes» por el movimiento peristáltico, quedando su tránsito controlado en todo momento.

Cuando el sorbo de líquido es deglutido, la relajación del sistema permite la rápida llegada de aire a la cavidad bucal, lo que provoca la captura de los vapores y los transporta en la expiración, y por difusión, hacia los sensores olfativos situados en la parte alta de la faringe. Esta función está potenciada por una ligera sobrepresión en la boca, producto de las contracciones musculares, asegurándose así la percepción retronasal, esto es, la captación del bouquet.

La teoría de los sabores elementales

A lo largo de la historia, muchos han sido los científicos que se han dejado seducir por el rico mundo de la gastronomía, y han contribuido con sus saberes y descubrimientos al encuentro de nuevos fundamentos técnicos en el complejo universo de los sabores. Aristóteles describió, con gran intuición, las distintas percepciones del gusto. En el siglo XVI, el célebre botánico sueco Linneo (1707-1778) llegó a describir hasta diez cualidades gustativas, pero mezclando las sensaciones táctiles y los sabores como tales. Su clasificación fue ésta: húmedo, seco, ácido, amargo, graso, astringente, dulce, agrio, mucoso y salado.

A principios del siglo XIX, Michel-Eugene Chevreul logró desligar las sensaciones puramente táctiles de las eminentemente químicas. Cohn logró en 1914 aislar los cuatro tonos básicos de la paleta con la que este sentido pinta sus coloristas sensaciones. Teoría que pareció coherente y que adquirió gran prestigio en su tiempo, pero que la misma experiencia y el propio uso han ido matizando.

Dulce, ácido, salado y amargo. Esta simplificación permitía, sin embargo, una sencilla clasificación por el sabor dominante, y facilitaba asimismo la interpretación, al admitir la mezcla o la yuxtaposición como complemento y matiz. Poco tiempo después de ser enunciada, la teoría de Cohn fue discutida por Henning, y sus puntualizaciones sobre la regla general son ampliadas cada día por las investigaciones de los neurofisiólogos y la técnica de la observación de las secuelas funcionales de los traumas quirúrgicos, consecuencia de las intervenciones en casos tumorales.

Estado actual de los conocimientos sobre los sabores

Recientemente han sido descubiertos otros receptores nuevos, además de los de la sacarosa (dulce), el cloruro sódico (salado), el ácido tartárico (ácido) y la quinina (amargo), que corresponden a una realidad sensorial que aún hoy está por discutir. Algunos científicos establecen un estrecho vínculo entre estas percepciones y las impresiones prenatales, generadas a partir del líquido amniótico. Estos cuatro referentes se completan con un quinto, el umami (ajinomoto), glutamato monosódico usado por los japoneses en su cocina, y que en la actualidad se emplea como estimulante en lo que se ha dado en llamar «comida basura».

Por otra parte, los nervios no se hallan en las clásicas localizaciones geográficas sobre la lengua. Estas zonas, descritas a menudo, y responsables del sentido del gusto, son poco exactas. Del mismo modo, las fibras nerviosas que las pueblan revelan que los estímulos y la especialización de los nervios son sólo aparentes. Las fibras responden a los diferentes estímulos con distinto grado de reacción. Esta polivalencia selectiva nos vale para introducir el concepto de descarga. Cada perfil gustativo es más sensible ante una cierta carga o imagen de activación. Algo parecido a la impregnación que los cachorros hacen del olor y el rostro de su madre. Esta teoría, más coherente y cercana a la realidad evolutiva, soporta los distintos interrogantes que plantea el conocimiento científico del gusto, mejor que la del análisis de las cuatro únicas respuestas para todo o nada.

Claro está que no es tan fácil de comprender, por parte del profano, como la vieja teoría de los cuatro receptores, aunque no llega a contradecirla. Muy al contrario, la amplía y refina, poniendo en evidencia una realidad que siempre ha cautivado a quien se gana la vida con las percepciones, como el catador profesional.

La idea de los matices es como los colores en el arco iris, que despliega su abanico de tonos sobre la base de la percepción de un pequeño conjunto de colores que resultan básicos. Esto es así también en el mundo de los sabores, al menos en cuanto a la interpretación y la descripción sistemática y profesional de los mismos, que se encuentra con variaciones y matices en la percepción. Un ejemplo es el sacarinato de sodio, que al elevar su concentración pasa de dulce a amargo.

Esto explica mejor el mecanismo de las sinergias y los antagonismos, que en el caso de los vinos son mucho más evidentes que en la apreciación de las comidas sólidas.

La electrofisiología revela la existencia de una especificidad funcional en las percepciones, que a su vez es relativa y que, en el caso de la complejidad química del vino, actúa como grupos de imágenes independientes que se yuxtaponen y se integran en el cerebro, dando la sensación de equilibrio.

Un estudio de Faurion, llevado a cabo en 1981, en el que trabajó con diversas concentraciones de edulcorantes, echa por tierra definitivamente la teoría de la especificidad funcional, al revelar las enormes variaciones en la percepción en función de las diferentes concentraciones, así como entre distintos individuos. Se puede concluir que el sabor dulce no tiene referencia física en las papilas, y que existe un perfil de

- La percepción del sabor dulce es instantánea y se extingue antes de los diez segundos.
- Las percepciones ácida y salada son también instantáneas, pero persisten más que la dulce.
- En cambio, la amarga es mucho más lenta, pero de larga persistencia una vez desaparecido el estímulo.
- Estos conocimientos son empleados por el catador profesional en su trabajo, pero también son aprovechados por el gastrónomo a la hora de preparar una armonía.

dulzor responsable de diversas asociaciones, provocadas por distintas moléculas en los órganos receptores.

La distinta velocidad de percepción está ligada a las diferentes áreas de sensibilidad de la lengua: el dulce se percibe en la punta; el ácido, en los laterales; los salados, en los bordes, y los amargos, en la parte posterior, marcada por la «V» de las papilas caliciformes. Además, las papilas responsables de la percepción dulce y salada afloran a la superficie, mientras que las de la amarga están hundidas, facilitando o postergando las mismas sensaciones.

Por otra parte, tanto los labios como el propio paladar, las mejillas y la epiglotis, perciben sensaciones térmicas y táctiles que colaboran en la identificación del sabor. Es común la sensación de percibir que los labios detectan el dulzor, aunque esto lo notamos sólo al pasar la lengua sobre ellos; o que la inervación generosa de las fauces ayuda a la percepción faríngea de algunos sabores intensos, como el amargo.

En el vino conviven los cuatro sabores elementales. El sabor predominante es el dulce, proveniente del azúcar residual, y después el ácido de su propia naturaleza, en la que se encuentran varios ácidos de la fruta y del proceso de fermentación. La sensación de salado está presente en la rica carga mineral que aporta el suelo, aunque queda enmascarada por los otros sabores, más intensos. El gusto amargo y la sensación de astringencia, más presente en los tintos que en los blancos, redondean el sabor del vino y nos permiten ligarlo a las complejas alquimias de las percepciones.

La longitud del estímulo que transmite el vino se asocia con la sensación propia de la comida, completando, estimulando, aletargando, complementando el sabor y creando nuevas asociaciones que el cerebro va interpretando y catalogando —según los gustos particulares— entre las más placenteras, ésas que valdrá la pena repetir.

La sensibilidad del gusto

Los anales clínicos nos revelan que existen pocas personas insensibles al gusto —llamadas agúsicos—. Estas personas están caracterizadas por una insensibilidad a los sabores más o menos similar a la de los ciegos con la luz. La sensibilidad al sabor está muy condicionada por diferentes aspectos, que se evidencian sólo cuando se estudian ligados a las toxicidades. El propio entorno donde se realiza la degustación la condiciona, siendo, además, sensible al sistema que utiliza cada individuo para sus adaptaciones, es decir, al mecanismo de los umbrales dinámicos que, sin duda, heredamos de nuestros ancestros bacterianos, primeros usuarios en la escala biológica de estas sensibilidades. Si hacemos la experiencia con productos dulces vemos que el umbral de sensibilidad desciende, la sensibilidad se atempera pero el hábito se dispara proporcionalmente, se va generando una afición que se agudiza cada vez más.

Algo parecido pasa con el gusto por lo salado, aunque su respuesta suele ser más inmediata y la sensibilidad desciende notablemente tras una degustación salada.

La sensibilidad puede ser genética, incluso prenatal, congénita o cultural. En caso de la sensibilidad a la acidez, ésta se reduce mucho si permitimos a la saliva actuar como tamponante o neutralizador. Todo esto supone un enorme galimatías que nos impide conocer con claridad la relación que existe entre el estímulo y la respuesta, tan mediatizada por el uso biológico para el que está destinado el sentido, y que de alguna manera pervertimos en nuestro uso con el descubrimiento del placer y con la profesionalización a través de la cata técnica de los especialistas.

Las sustancias sápidas de los vinos

Los químicos, en su prosaísmo, describen al vino como una solución hidroalcohólica que contiene entre veinte y treinta gramos de diversas sustancias en solución, que atañen al sabor y a lo que llaman «extracto», además de una incontable cantidad de sustancias volátiles que constituyen su perfume.

Las sustancias dulces son responsables de la ligereza del caldo, del cuerpo y de la suavidad. No son sólo los azúcares los responsables de esa sensación —me refiero a los azúcares que quedan sin fermentar y que provienen del fruto—, pues el alcohol también es dulce en el paladar.

El alcohol, por lo tanto, tiene la capacidad de hacer evidente y más intenso el sabor dulce, aunque el azúcar también actúa sobre el alcohol atenuando la sensación de causticidad que éste produce sobre las mucosas de la boca.

Las sustancias ácidas están presentes en el vino básicamente en dos estados. La mayor parte como ácidos libres, cuyo valor se denomina «acidez total», y que es la responsable de la percepción ácida. El resto está unido a otros com-

EJERCICIO

Preparar dos soluciones en agua destilada (o sin cloro):
Una de 32 gramos por litro de alcohol puro y neutro de farmacia.
Otra de 80 gramos por litro (corresponderán al 4 % la primera y al 10 % la segunda).
Y una cantidad igual de agua, pero sin adición de alcohol (testigo).
Probemos la solución al 4 %: tendremos una sensación dulzona, ligeramente azucarada, que aparece claramente cuando la confrontamos con el testigo. Es un sabor diferente al del azúcar pero que no deja de ser dulce, de pertenecer a la misma «familia».
Probemos ahora la solución al 10 %: la sensación será claramente dulce, con un cierto aditamento cáustico por la reacción que se provoca en las mucosas, y que ya pertenece al mundo de lo táctil del sentido.
Si agregamos azúcar a las muestras, percibiremos también el factor intensificador de la sensación dulce que provoca el alcohol.

puestos, formando distintos tipos de sales, que intervienen poco con sus aniones en la percepción del sabor.

Los ácidos orgánicos del vino son esencialmente seis. Tres provienen de la uva y tienen un sabor ácido puro: son el tartárico, más duro; el málico, más verde, y el cítrico, más fresco. Los otros tres se forman durante la fermentación alcohólica y por las acciones bacterianas. Sus sabores son complejos: el láctico es más bien agrio, el acético es claramente agrio, y el succínico es amargo y salado, y es un potente estimulador de la salivación. Es el responsable de la «vinosidad», de la sensación común que tienen todos los productos de la fermentación alcohólica natural.

Al hablar de ácidos surge rápidamente la interpretación fácil, «el ácido se hace evidente por sus iones de hidrógeno libres en la solución». Lo sorprendente es que no es del todo así. Las soluciones tamponadas de los ácidos del vino no pierden su sabor, como sucede con las soluciones que se preparan a partir de ácido sulfúrico o clorhídrico y que, al neutralizarse, no saben a nada. Los ácidos del vino conservan y hasta potencian su naturaleza. Ello demuestra que estas sensaciones no son puramente químicas. Parece que el sabor ácido depende más de la acidez total que de la propia disociación de iones.

Las sustancias saladas están presentes en el vino en magnitudes de dos o tres gramos por litro; son las sales de los ácidos minerales y de algunos ácidos orgánicos específicos, sustancias que participan en el sabor y le dan frescor. Por ejemplo, el bitartrato de potasio tiene sabor salado y ácido a la vez. Es curioso que la adición de sales de cloruro o sulfatos, que se estilaba hace algunos años con tanta frecuencia, disminuya el placer gustativo que provoca el vino. Cuando repasamos su utilidad práctica, tal vez ligada a aspectos de la conservación, siempre concluimos con la frase de «son cosas de viejos». Hay en el vino una gran cantidad de sustancias minerales en niveles que los químicos califican de «trazas», es decir, poquísimas moléculas que la biología ha revelado como importantísimas en la vida, y que no descartamos tengan su importancia en la naturaleza del vino, aunque desconozcamos su relevancia en el gusto: son sales de cloro, bromo, níquel, hierro y un enorme etcétera.

Las sustancias amargas pertenecen al grupo de los compuestos fenólicos, conocidos en la nomenclatura vitivinícola como tanoides o enotaninos. Su sensación amarga se acompaña, se potencia y se asocia, en general, con la astringencia. Su sabor se percibe con más claridad en medios poco ácidos. Los vinos les deben en gran medida su color y en gran parte su sabor. Sufren transformaciones y evoluciones en el proceso de envejecimiento, sobre todo en los tintos; tienen la capacidad de hacer coagular las proteínas y, principalmente, son responsables de las virtudes digestivas que se atribuyen a los vinos tintos, al igual que de su capacidad de estimular la acción peristáltica del intestino.

El entrenamiento del gusto

Una vez más, la historia nos recuerda los largos caminos de la evolución del hombre dentro del marco biológico, y nos sorprendemos por la maravilla tecnológica de la vida, aunque cometemos un error importante de apreciación al considerar que somos fruto de un diseño, de un diseño que atribuimos a Dios, y no la consecuencia de una evolución a través de millares de pruebas y fracasos. Hoy, nuestro acerbo tecnológico ha llegado a un cierto equilibrio y, en lo sensorial, a un cierto grado de insensibilidad. Una ameba, cuando distingue en el agua el rastro del alga que suele ser su comida, ha de tener sensaciones infinitamente más claras que las nuestras al detectar un perfume agradable a nuestro paladar. Pues la evolución, al ir agregando estratos superiores a las interrelaciones con el medio, ha hecho algunas tremendas simplificaciones que hoy complican la vida, muy especialmente a los profesionales de la gastronomía y a los maestros de la cata de vinos que han de dictar sentencia para indicarnos el camino del buen gusto.

De antaño viene la noticia —los chinos la conocían y se valían de ella— de que nuestras percepciones gustativas son en general fruto de un aprendizaje precoz; tan precoz que algunos investigadores las sitúan en nuestras libaciones intrauterinas de líquido amniótico. Por eso, y ante el reto de orientar el conocimiento y el culto de la cultura del paladar aplicable al vino y su íntima relación con la cocina, intentaremos dar las bases sobre las que se sustenta el arte de las armonías. Es un aprendizaje suave, y se puede decir que sensual y grato al espíritu curioso y amante de la vida en plenitud de forma. Nos introduce casi jugando en el universo de los colores, los aromas, los sabores, las temperaturas y las texturas, que juegan buscando el equilibrio que denominamos la «buena mesa». En los libros de esta colección encontrará, poco a poco —como en los buenos y correctos aprendizajes, ésos que crean escuela—, las claves de los sabores, sus secretos, sus misterios y sus extrañas y casi alquímicas fórmulas, que son una parte importante del saber vivir y el saber estar. Gracias a ellos, se irán formando en su memoria algunas pautas, a veces mediante la simple observación, otras veces inducidas por ejercicios de gran simplicidad. Recursos que desarrollarán un sentido que usamos a diario y para el que prácticamente no hemos recibido ningun tipo de instrucción por nuestros progenitores y maestros.

Practicando y observando, iremos educando los sentidos relacionados con el gusto, que no son pocos, ya que tanto el oído como el tacto, la vista y el olfato se asocian al sentido del gusto para redondear esa sensación tan íntima y a la vez tan placentera que surge de la degustación. Así reconoceremos los sabores básicos y los secundarios o los menos conocidos, para luego recordar nuestros conocimientos sobre aromas aplicados al vino y a la gastronomía en su conjunto, llegando por fin a deleitarnos con la armonía, en el conocimiento y en la práctica.

Conoceremos también los antagonistas gastronómicos del vino, los sabores fuertes y difíciles de armonizar, y matizaremos los conceptos clásicos con nuestro aporte personal y nuestras propias percepciones y experiencias.

Las texturas

Necesitamos tener claro un lenguaje común para especificar las impresiones que nos causan las texturas de los alimentos. En el mundo enológico ya hemos descrito estas sensaciones; ahora es preciso valorarlas desde el punto de vista gastronómico para luego, en el magno acto del maridaje, saber lograr las buenas armonías.

Es un aprendizaje fundamental para el aspirante a gourmet y una buena práctica para quien ya se considera miembro del selecto mundo de los iniciados. Por eso insistimos en que ponga como nunca sus sentidos concentrados en una buena causa: su propio placer.

Las texturas que encontramos son variadas: astringentes, rasposas, crujientes, grasas, gelatinosas, fibrosas, sedosas, aterciopeladas, harinosas, arenosas, untuosas, etc.

Las texturas grasas

Se llevan de maravilla con los vinos, en especial con los taninos de los tintos, que redondean el ambiente y adquieren una magnífica sensación aterciopelada.

Las texturas filamentosas

Son la esencia de muchas verduras, como los espárragos, las judías verdes, los puerros, y de algunas carnes como las de venado y especialmente el jarrete. Incluir estos productos en una salsa grasa es la solución más práctica. Se dejan armonizar muy bien con los vinos suaves.

Las texturas harinosas

Las legumbres, las patatas, muchos purés —entre los que destacan los de castañas—, tienen estructura harinosa. Los vinos con fuerte carga de taninos se adaptan bien a esas texturas porque solapan la astringencia del caldo. Siempre quedan bien con la adición de grasas.

Las texturas crujientes

Son texturas apetitosas y de gran valor efectista en la cocina. Se dejan acompañar maravillosamente con vinos tintos, a los que redondean notablemente: los reservas de uva tempranillo, los tintos de la cuenca del Mediterráneo, los cabernet sauvignon y los famosos y potentes vinos del Ródano.

Las texturas viscosas

En general, estas texturas son un añadido para controlar las texturas harinosas. Se suelen compaginar mal con los vinos, pues la viscosidad ralentiza la captación de los sabores y antagoniza con los taninos, por lo que hay que acompañarlas con vinos neutros, en especial algunos blancos y rosados sin madera, frescos y de moderada acidez.

Las texturas gelatinosas

Son propias de las carnes, sobre todo de las que se cocinan al horno como el roastbeef o una buena carne de buey dorada por fuera y gelatinosa por dentro. Algunos peces tienen esta textura, en especial las cocochas que, tocadas con ajo, se dejan acariciar por la sutileza del txacolí y también por los jóvenes tintos de cosechero, dotados de un intenso carácter afrutado gracias a la maceración carbónica. Los caracoles, las quijadas de ternera y las mollejas guisadas también pueden presentar esta textura y, al igual que las carnes, prefieren la compañía de los grandes tintos muy tánicos.

Los sabores

Desde muy antiguo se ha considerado que los sabores predominan sobre las texturas a la hora de dictar las bases de una armonía, pero en realidad vienen a complementarlas. Son otra lectura de la misma página —a veces paralela, a veces yuxtapuesta— pero que ha de tocar una nota de similar intensidad.

El sabor dulce

Es esencialmente un sabor vegetal. En mayor o menor medida, todos los vegetales, incluso las legumbres, tienen un componente dulce, aunque los tubérculos y las calabazas lo desarrollan, junto con las frutas, de manera específica, siendo más o menos evidentes según los casos y preparaciones.

Las carnes acompañadas con salsas de grosellas dan un toque ácido ideal para refrescar los vinos potentes. Las cerezas negras en mermelada contrastando con un leberwurst sin sangre, permiten a los grandes blancos de riesling atreverse a acompañar estas preparaciones, que de lo contrario les estarían vedadas. Un vino blanco y seco puede entrar, entonces, en la lista de los grandes acompañantes hasta de las correosas carnes de la caza mayor.

La reina del sabor dulce es la patata. En la cocina mediterránea es la socia predilecta de casi todos los platos rápidos, y hay que ver qué bien se lleva con un tinto de cosecheros de La Rioja, produciendo ese gran contraste entre el dulce crujiente y el áspero amargo del caldo.

El sabor ácido

Inmediatamente lo relacionamos con el vinagre, tan presente en las ensaladas y en numerosos platos, especialmente en algunos acompañamientos muy actuales de los pescados a la parrilla. En estos casos, tanto el pescado como la misma vinagreta con que se lo realza, habitualmente prefieren los blancos, como los turbios gallegos, que colaboran con su acidez a realzar el sabor del pescado.

El vinagre, que ha sido durante siglos un secreto de alquimista, está hoy presente en una enorme variedad de potencias y sabores, tantos como vinos sean susceptibles de ser atacados por la bacteria aceti. El cocinero escoge el vinagre ideal, y lo prefiere de Jerez para desengrasar algunos asados, de manzanas o de arroz para toques orientales, o de la variedad de uva adecuada a cada plato con el que decide dar un toque de contraste ácido.

El sabor picante

El sabor picante es un recurso culinario muy buscado por los cocineros de diversas culturas. Casi todas lo han encontrado entre sus productos, pero muchas lo han incorporado tras el descubrimiento de América, cuando los chiles comenzaron a ganar presencia en los fogones europeos hasta convertirse en protagonistas. Los orientales contaban con la pimienta y los surorientales con el jengibre. En el Mediterráneo, el picante natural es el ajo y, en menor proporción, la cebolla cruda, que puede pasar por ardiente si no se disipan sus alilos hidrosolubles. Cuando se emplea la cebolla, ésta llama a gritos el contraste con un vino algo abocado, un tokay o la complicidad de un tinto de añejos taninos y profunda madera. El ajo, presente a menudo en platos de pescado, puede complementarse con vinos blancos o rosados.

El sabor amargo

Tal vez el mejor representante de esta gama sea la endibia, muy amarga, y por lo tanto fuerte antagonista de los vinos que soportan mal ese regusto. Un blanco seco las acompaña muy bien si se aliñan con limón; un tinto suave algo abocado o un blanco abocado si se hacen con roquefort, y un rosado o un blanco con madera si se hierven con azúcar.

Los quesos frescos, en especial los de cabra, son también amargos. Se comen acompañados con dulces o miel, por eso armonizan bien con los vinos blancos dulzones. Los pepinos piden un blanco muy neutro, las berenjenas casan con jóvenes tintos de la tierra, y las achicorias y escarolas van bien con los buenos blancos algo afrutados.

El sabor salado

Inmediatamente pensamos en los productos del mar, pero en muchos casos no les hacemos justicia ya que no son propiamente salados. De por sí, este sabor es antagónico con el vino. Hay numerosas preparaciones que han convertido en salados los distintos frutos de la tierra, como los chacinados del cerdo, y una gran variedad de pescados que han empleado desde tiempos inmemoriales la sal como medio de conservación.

Los blancos secos, muscadet, viura, verdejo, les van de maravilla a los pescados ahumados, ya que estos no tienen demasiada sal. Los pescados más salados casan con aguardientes o, en algunos casos, un amontillado talentoso. Las salazones mediterráneas, una mojama, unas huevas de atún o unas simples gambas saladas, piden un fino o un amontillado andaluz de gran calidad.

Los boquerones admiten todos los vinos que armonizan con el pescado frito, los finos y los del condado y, por supuesto, los amontillados ligeros. En conserva, presentados como anchoas saladas o como boquerones en vinagre, ponen a prueba su sensibilidad para encontrar el rosado justo. Los de lavandou, intensos y corpóreos de la Costa Azul francesa, les van francamente bien.

En el caso del bacalao, cuando es fresco, admite los mejores vinos blancos. Al pil-pil, requiere preferentemente los vinos de txacolí u otro blanco intenso. Con tomate, puede atreverse con un tinto ligero, y si proviene de salazón, entonces hay consejos de especialistas que, valorando la habilidad para desalarlo, determinan la capacidad del plato para aceptar desde un txacolí hasta un tinto del año, según sea una noche fresca o un caluroso mediodía el que le da marco.

Los crustáceos, por fin, son muy ricos en proteínas y piden vinos secos ligeramente ácidos, entre los que los gallegos se llevan generalmente la palma. El grado de salazón con que llegan al mercado por artificios de la conservación, puede dificultar, no obstante, su armonía con estos vinos, sobre todo si se empeña en añadirles limón.

El maridaje del vino

La norma y la costumbre

Hasta aquí hemos dado un pormenorizado repaso a los estímulos sensoriales que percibimos, tanto de los vinos como de los diferentes productos gastronómicos, proporcionando en cada caso ejemplos para que, por similitud o asociación, encontremos las concordancias que se han dado en llamar maridajes entre los vinos y los platos.

En este sentido existen algunas costumbres muy arraigadas que en algunos casos se han modificado sustancialmente porque también se han modificado de manera valiosa los vinos que tenemos a nuestro alcance.

Poco tiene que ver la bodega tradicional en la que nuestros padres y abuelos compraban el vino de la casa: es la sección de vinos que hoy en día nos ofrece una gran superficie, una enoteca o una dirección de internet. Así también el espectro se ha ido ampliando y las concordancias se han ido haciendo más precisas, los gustos más exigentes y los placeres mucho más intensos.

Pero la norma es algo que ha surgido intuitivamente. La conjunción de los pescados y los mariscos con los vinos blancos es algo más que las simples circunstancias geográficas, que sin duda han contribuido (y bastante) a estos hábitos. También los tintos y la caza suelen provenir de sitios cercanos, sobre todo en los climas mediterráneos, con amplias variaciones geográficas en Italia, España y Portugal.

La armonía cromática, junto a otros aspectos más sutiles como pueden ser los auditivos o los puramente folclóricos, también contribuye en mayor o menor medida.

La mesa, no obstante, es algo muy personal y en ella se manifiesta el temperamento y la misma capacidad creativa del anfitrión.

La moda, la misma actualidad social y política, los avatares económicos y la publicidad y el mimetismo influyen de manera notable en los gustos, estimulando armonías y satisfacciones que pueden ser sofisticadas para un comensal, y rígidas o clásicas para otro, según lo sienta el sumiller en su fina nariz de hombre con experiencia social y vitivinícola sabiamente maridada.

El aficionado culto ha de conocer los aspectos clásicos, para respetarlos en las valoraciones sociales de sus invitados, y para transgredirlos cuando sienta la llamada artística de la creatividad y la osadía.

Entonces, nosotros también seremos intuitivos al proponer estas mismas armonías a nuestros lectores.

La acidez

La carga ácida es indispensable en un vino para que éste brinde generosamente su consistencia sensitiva al potenciar una buena salsa, sobre todo si ésta es untuosa, mantecosa o cremosa, ya que su textura armoniza bien con su sabor. Iremos reduciendo la acidez del vino proporcionalmente al aumento de la acidez en la salsa, como sucede con las salsas de tomate, que piden vinos más neutros.

La acidez es un factor siempre positivo en un vino, ya que favorece su unión con los distintos entornos que le brinda el sabor. No hay que olvidar, sin embargo, que una de las claves de la armonía es que el vino acompañe el plato y no al contrario.

La astringencia

Los grandes taninos están destinados a las carnes de sabor profundo y a las salsas potentes con que se acompañan las piezas de caza, que serán capaces de tolerarlos y fusionarlos con su intenso sabor. También se compaginan bien estos vinos de fuerte carga tánica con las salsas cremosas oscuras y las preparaciones clásicas de carne.

Los blancos tánicos, gracias al contacto con la madera durante la crianza, son buenos compañeros de platos con más estructura en sus sabores, como las cecinas, los ahumados, las bresaolas, el alce, el caribú, o el reno y el ciervo.

El dulzor

Para equilibrar un plato de almejas y algunos pescados como la trucha meunier, se acepta de buen grado el componente dulce en el vino, y para ello hay rosados algo abocados que van de maravilla. Pero los cocineros portugueses hacen armonizar las almejas con los vinos verdes, al incorporar cebolla a la crema de leche. Los navarros añaden jamón a la trucha, permitiendo así su armonía con los tintos suaves o con sus poderosos rosados de la tierra. Y los gallegos gratinan las vieiras para que armonicen con las notas ácidas de los ribeiros.

Las burbujas

Ya sean abundantes y tumultuosas como en el cava, o sutiles y ordenadas como en los proseccos, contribuyen al conjunto con sus notas ácidas, su cuerpo y su fragancia, que los hacen ideales para armonizar con los crustáceos recios como el bogavante y la langosta, los preparados en salsa con carne de crustáceos y los pescados a la meunière o a la parrilla, sin vinagreta por encima, pero sí con mantequilla clarificada.

Los blanc de blancs españoles se prestan también para acompañar algunas ensaladas y platos de pastas con salsas cremosas, pero —llevando la contraria tanto a los productores como a muchos sumilleres— no van bien con todo. Con los champañas brut podremos acompañar las ostras y otros alimentos de probada exquisitez, como los mejores mariscos.

Con las ostras, la alianza ideal es un buen espumoso brut, o un blanco muy frutal.

Claro está que la transgresión a la norma hace a veces las delicias de la armonía, ya que no es posible cumplir estrictamente con una progresión exacta en el servicio de los vinos sin alterar a la vez la esencia de su propio clasicismo.

La norma es servir los vinos licorosos como el Jerez con los aperitivos, aunque estarían mejor acompañados por un cava o un tinto ligero y afrutado.

No se pueden servir las trufas que complementan un plato con un rosado por el simple hecho de que sean parte del acompañamiento del pavo de Navidad.

Si los quesos son fuertes y pastosos, quizá valga más evitar el vino tinto y servir un buen blanco, y si son quesos azules, opte por la dulzura de un vino abocado o la magnificencia de un sauternes.

La degustación

La degustación es una tarea compleja que, no obstante, puede ser llevada a cabo por cualquier persona con ganas de aprender y deleitarse con el buen vino. Existen unos principios básicos que enunciaré a continuación. Pero antes debe usted saber que la cata de un vino no es simplemente beberlo sin más. Atraviesa tres etapas básicas, que se practican inalteradas desde hace mucho tiempo: análisis visual, análisis olfativo y prueba del vino.

Lo primero que necesitará es disponer de una ficha de degustación, en la que apuntar todas las apreciaciones y consideraciones que van realizándose durante el análisis del vino y su cata. Un modelo que puede utilizar es el siguiente:

Condiciones de la degustación

En primer lugar, debe usted encontrarse en un ambiente luminoso y claro, sin que el exceso de luz dañe su vista o provoque reflejos excesivos. Asimismo, utilice siempre copas de vidrio fino y muy transparente, sin tallas o esmerilados. Estos factores son esenciales, pues lo ayudarán en el análisis del color o la transparencia del vino.

FICHA DE DEGUSTACIÓN

Fecha de la cata		
Denominación		
Tipo		
Nacionalidad		
Región		
Bodega		
Graduación alcohólica		
Precio		
Pureza	**Es un vino...**	Transparente, turbio
Color	**Tintos**	Rubí, granate, anaranjado
	Rosados	Cereza, frambuesa, salmón
	Blancos	Verdoso, amarillo, anaranjado
Aroma	**Intensidad**	Ligera, mediana, fuerte, muy fuerte
	Tipo	Afrutado, frutos secos, vegetal,
		caramelo, madera, especias,
		flores, terroso, otros
Sabor	**Intensidad**	Leve, mediana, alta
	Acidez	Fresco, vivo, ácido
	Cuerpo	Ligero, mediano, corpulento
	Textura	Áspera, flexible, grasa
	Astringencia	Ligera, mediana, fuerte
	Persistencia	Breve, mediana, larga
Evaluación personal		

La temperatura

La cantidad de energía calórica aportada por un alimento o un vino será, en gran medida, responsable del nivel de excitación que produzca en las terminales sensibles de nuestro organismo, y que, a través de los sentidos, informan a nuestro cerebro.

Si una comida se sirve demasiado fría, las percepciones aromáticas quedan prácticamente anuladas. En cambio, un producto alimenticio o un vino que se sirvan calientes hacen aumentar las percepciones ácidas, alcohólicas y de dulzor, a la vez que disminuye la de amargor. Al refrigerar un vino, sucede lo contrario. Un experto ha de tener en cuenta cuál es la temperatura adecuada para ofrecer un perfecto servicio.

Los tintos sin crianza deben servirse más frescos que los tintos añejos. Los vinos dulces siempre irán más refrigerados, según su grado de dulzor. En Italia, los moscatos se toman bien fríos para acompañar platos que en otros países irían acompañados de vinos tintos.

En las comidas, las alianzas sabor-temperatura pueden ser notables, y por tanto se han de tener muy en cuenta en la práctica del maridaje. En el caso de las carnes a la parrilla, por ejemplo, la sal se asocia con las proteínas pero, debido a la alta temperatura, esta unión subraya la percepción del sabor salado. En cambio, ciertos pescados es mejor acompañarlos de vinos blancos fríos, ya que esto disimula el gusto salado y potencia su calidad gastronómica.

La siguiente tabla puede servir de orientación en la temperatura a la que debe catarse un vino, ya que un error en este aspecto puede alterar y falsear su auténtico sabor:

Para conseguir la temperatura idónea, dentro de los márgenes aproximados que cada vino requiere, pero también dejándose llevar por su gusto personal, puede emplear varias técnicas diferentes. Hay que decir que los cambios bruscos no son buenos para el vino, y es preferible dejar que la temperatura de un vino vaya mo-

Vino blanco seco:	6 °C - 10 °C
Vino blanco dulce:	3 °C - 6 °C
Vino rosado:	8 °C - 10 °C
Vino tinto ligero:	10 °C - 14 °C
Vino tinto con cuerpo:	14 °C - 18 °C
Espumosos:	4 °C - 8 °C

dificándose despacio, con tiempo. A menudo se emplea la palabra francesa chambré para indicar que un caldo ha de servirse «del tiempo» o a «temperatura ambiente». Como esto no es muy concreto, opte, cuando sea posible, por establecer la temperatura adecuada sin hacer mucho caso del «ambiente».

Para aumentar la temperatura de un vino, deje la botella en algún lugar relativamente cálido, o póngala en un recipiente con agua templada (a unos 20 °C). Actualmente existen en el mercado una especie de mantas térmicas para botellas de vino, similares a las que se emplean para enfriarlo, pero al revés. En este caso, el de necesitar que se rebaje la temperatura, basta con dejar la botella en el frigorífico hasta que alcance la adecuada. Esto puede llevarle alrededor de una hora, de modo que si necesita hacerlo más rápidamente puede utilizar agua helada. Introduzca la botella en algún recipiente en el que quepa y cúbrala completamente con el agua. Como sólo necesitará unos minutos para conseguir la temperatura justa, verifíquela cada poco tiempo con el fin de evitar que se enfríe demasiado. Si no puede sumergirla del todo, ponga en el recipiente agua y hielo, y sitúe la botella primero boca abajo durante un par de minutos, y después boca arriba, girándola de vez en cuando.

Los vinos blancos y rosados deben servirse, en general, frescos, para disminuir la sensación ácida.

Una vez esté sirviendo el vino, el método más habitual para conservarlo a la temperatura necesaria, cuando se trata de que no se caliente, es colocarlo en una cubitera con hielo.

Otros consejos

Intente degustar el vino con el paladar libre de otros sabores. Es mejor no haber comido nada un tiempo antes, para evitar la interferencia de gustos.

Antes de analizar olfativamente un vino, gire levemente la copa para que se airee y así pueda liberar su aroma.

El vino debe tomarse en sorbos cortos, que han de cubrir la máxima superficie de la boca. Hágalo con tranquilidad y sin prisas, para percibir lo mejor posible los distintos sabores que encierra.

Vinos en mal estado

Hoy en día, encontrar un vino que presente defectos o se halle en mal estado es difícil, incluso en caldos de consumo cotidiano. Es precisamente en los mejores vinos donde resulta de importancia vital saber reconocer sus defectos, y así evitar un perjuicio al paladar que no debería haberse dado. No hay que confundir un vino en mal estado con un mal vino, ya que el gusto es en cierta medida subjetivo, pero la baja calidad de un producto o el hecho de que se haya estropeado son cuestiones puramente objetivas.

Para distinguir un caldo de buena calidad, éste debe cumplir algunas reglas de base, como que su sabor tenga una buena duración en el paladar, que aporte una variedad de matices amplia, o que mantenga una homogeneidad armónica de textura, aroma y sabor. En cuanto a si el vino está defectuoso, la seña principal es un excesivo olor o sabor a corcho o a cartón húmedo.

Por causa de una mala conservación o envejecimiento, el vino puede mostrar un color pardo y no aportar apenas aromas. Muy fácil de percibir es si el vino se ha avinagrado o picado, pues su acidez áspera los hace imbebibles. Por último, la presencia de ácido tartárico en el vino, en forma de unos pequeños cristales, no implica necesariamente que se haya deteriorado. Basta con retirarlos para degustar el vino con toda normalidad.

Los platos y sus vinos

Aquí tiene una lista con los maridajes más clásicos y las soluciones más sencillas para que usted, con ayuda o no de los menús que sirven de ejemplo, pueda construir su propio menú acorde con sus preferencias, teniendo como referencia tanto los platos como el vino.

Si su invitado le regaló hace tiempo algunas buenas botellas, recuerde que sería un gesto que apreciará muchísimo estructurar el menú en torno al lucimiento de esos vinos.

Valore tanto el entorno como la estación y la hora del día en que lo servirá, y escoja los caldos con tiempo para tener la oportunidad de dejarlos reposar una semana en su casa a fin de que se adapten. No olvide las flores y la música, piense en la iluminación, y ¡muy buena suerte!

Conseguir disfrutar del placer de un buen vino y una exquisita comida también depende de cuidar un poco el entorno.

CONSOMÉS Y SOPAS	VINOS ACONSEJADOS
De carne	Finos, amontillados y olorosos
De pescado o marisco	Blancos chardonnay, manzanillas, rosados claretes, vino verde
De cebolla (castellana) o puerros	Blancos jóvenes, rosados claretes
De ave o verduras	Blancos jóvenes

CANAPÉS, TAPAS Y APERITIVOS	VINOS ACONSEJADOS
Croquetas (pollo, jamón)	Tintos jóvenes
Embutidos frescos (chorizo, chistorra)	Tintos jóvenes frescos, Ródano, pinot noir
Fiambres curados (cecina, jamón, lomo embuchado)	Manzanillas, finos y blancos de Rueda verdejo
Fiambres hervidos (morcilla, jamón de York, quesos de matanza)	Tintos de fermentación carbónica y rosados, Ródano
De ibéricos	Tintos jóvenes de Rioja
Frutos secos y aperitivos salados	Generosos secos, fino, merlot
Canapés variados	Blanco con cuerpo, champaña seco, pinot grigio y riesling bien frío
Patés de carne y foie gras cos	Sauternes (patés de gran sabor) y barsac (patés más ligeros), blan- dulces
Patés de caza	Tintos de Rioja crianza, tintos de Santenay
A base de verduras	Blanco chardonnay, blanco de Burdeos
Aperitivos salados	Madeira sercial
Aperitivos de queso	Tinto de Rioja o sancerre (queso de sabor intenso), champaña o cava (cremosos)
Caracoles y ancas de rana	Blanco de riesling, tinto de Bergerac
A base de menudillos	Oporto, blanco de Chablis
Ostras	Champaña o cava brut, pinot noir
A base de melón	Tintos jóvenes, blanco de Bergerac
Caviar	Champaña o cava
Canapés de marisco	Pinot grigio, Borgoña blanco
Patés a base de pescado	Riesling

LEGUMBRES	VINOS ACONSEJADOS
Alubias guisadas	Tintos jóvenes de tempranillo y cabernet sauvignon
Fabada asturiana	Tintos jóvenes de tempranillo y cabernet sauvignon
Fabes guisadas y estofadas	Blancos de verdejo y albariño
Garbanzos guisados (potaje)	Tintos jóvenes de Castilla
En ensalada	Moscato italiano
Judiones castellanos	Tintos con crianza de Toro, tempranillo y garnacha
Lentejas guisadas	Tintos jóvenes de tempranillo y cabernet sauvignon

VERDURAS Y HORTALIZAS	VINOS ACONSEJADOS
Escalivada	Rosados de cabernet sauvignon
Espinacas a la catalana	Rosados de garnacha y suaves tintos de Toro y Penedès
Gazpacho	Jerez y blancos jóvenes secos
Menestras	Grignolino italiano, chacolí y clarete manchego
Verduras estofadas (pisto)	Rosados de garnacha y tintos jóvenes de tempranillo
Verduras asadas o a la plancha	Vinos ligeros, blancos o rosados, de cabernet sauvignon, merlot
Verduras con bechamel	Blancos sin crianza y tintos jóvenes de tempranillo

SETAS	VINOS ACONSEJADOS
Guisadas, salteadas o a la plancha	Tintos jóvenes mediterráneos
Al ajillo o con jamón serrano	Tintos jóvenes de cosechero de La Rioja

PLATOS CON HUEVO	VINOS ACONSEJADOS
Huevos a la flamenca, a la mallorquina o a la suiza	Tintos jóvenes, locales, preferentemente cabernet sauvignon
Huevos fritos con patatas	Tintos jóvenes de tempranillo y garnacha
Revueltos de verduras (espárragos, calabacines)	Tintos jóvenes y blancos con cuerpo

PLATOS CON HUEVO	VINOS ACONSEJADOS
Tortilla española	Tintos jóvenes y frescos de tempranillo, sin madera
Tortilla a la francesa, de jamón o de champiñones	Tintos jóvenes
Preparaciones con cebolla	Pinot gris
Huevos con queso	Chardonnay joven, sauvignon blanc
Tortilla con embutidos (paisana)	Tintos jóvenes con poca crianza de tempranillo

ARROCES	VINOS ACONSEJADOS
Arroz negro	Rosados de garnacha y tintos jóvenes muy ligeros
Arroz a banda	Tintos jóvenes y rosados
Paella de mar	Blancos sin crianza, rosados y tintos jóvenes
Paella mixta	Rosados y tintos jóvenes de cabernet sauvignon
Paella de carne	Tintos jóvenes de cabernet sauvignon y rosados
Platos sencillos	Pinot grigio

PASTAS	VINOS ACONSEJADOS
Fideuá	Blancos de Alella y rosados ligeros mediterráneos
Con salsas de carne (boloñesa, carbonara)	Rosados con cuerpo, tintos ligeros tipo grignolino, tinto de Bergerac sin crianza
Rellenas de verduras y aderezos de nata	Vinos rosados de Navarra
Al pesto	Blancos muy frescos y neutros, rosados
Con frutos de mar	Blancos jóvenes
Con salsas de pescado (carbonara)	Blancos con cuerpo, rosados
Con salsas de queso	Tintos reserva, rosados secos
De verduras	Chardonnay joven
Al horno (lasaña)	Chianti

HERVIDOS	VINOS ACONSEJADOS
Cocido madrileño	Tintos jóvenes de Toro y tempranillo
Escudella catalana	Tintos Penedès de merlot y tempranillo
Puchero estilo canario	Tintos de maceración carbónica y riojas de cosechero

AVES	VINOS ACONSEJADOS
Asadas	Tintos reserva de Rioja o Ribera del Duero
Estofadas (codornices, pichones, becadas, caza)	Tintos reserva de tempranillo y garnacha
En pepitoria	Blancos jóvenes de viura y tintos jóvenes de tempranillo
En escabeche	Cavas secos y blancos jóvenes muy neutros
Fritas al ajillo	Tintos jóvenes de tempranillo, blancos jóvenes
Rebozadas	Tintos jóvenes frescos de Navarra y Somontano, rosados y claretes
A la parrilla	Tintos jóvenes frescos, con poco cuerpo
Pichón	Borgoña con cuerpo, sangiovese de la Toscana
Faisán	Tinto de Burdeos añejo
Codorniz	Tinto de Rioja, Borgoña joven, pinot noir
Pollo	Chablis, sancerre
Oca	Shiraz
Perdiz	Tinto de Rioja, Borgoña
Pato	Tinto del Ródano añejo, Borgoña
Pintada	Pinot noir, Borgoña blanco
Pavo	Shiraz, zinfandel

AVES	VINOS ACONSEJADOS
Estofadas (ternera, cordero, conejo)	Tintos reserva de tempranillo, Borgoña y merlot de cencibel
A la parrilla (cordero, buey, cerdo)	Tintos jóvenes de tempranillo y Valdepeñas
Asadas (cochinillo, cordero, cabrito)	Tintos de Crianza de Toro y tempranillo, garnacha, Burdeos, cabernet sauvignon joven
Carnes fuertes marinadas y guisadas (jabalí, toro de lidia, ciervo)	Tintos de añada de tempranillo, graciano, Burdeos, Gaia italiano
Rebozadas*	Tintos jóvenes frescos o de ligera crianza
Fritos	Burdeos
Salchichas	Shiraz, Ródano
Ternera blanca	Vouvray, tintos de Rioja suaves
Ternera más oscura	Burdeos, tintos de Borgoña, tintos de Rioja con crianza
Cerdo	Vinos del país, cabernet rosado
Carnes blancas	Blancos secos y con cuerpo, rosados
Carnes al horno	Saint-Emilion añejo, Rioja
Lengua de cordero, ternera o buey	Tinto de crianza, añejo
Callos	Blancos secos, tintos jóvenes
Conejo	Burdeos joven, cavernet sauvignon
Liebre	Ribera del Duero, barbaresco
Venado	Syrah

PESCADOS	VINOS ACONSEJADOS
Fritos	Manzanillas, vinos blancos del condado, Borgoña blanco, cava brut
Buñuelos de pescado	Manzanillas, finos y vinos blancos del condado
Guisados en suquet	Blancos de Chardonnay y cavas brut nature
Bacalao guisado (al pil-pil, a la vizcaína)	Txakolí, tintos jóvenes de Navarra, merlot de Somontano
En tortilla	Tintos jóvenes de tempranillo

PESCADOS	VINOS ACONSEJADOS
Angulas clásicas	Blancos con crianza, txakolí de Getaria
Asados a la sal	Blancos con crianza de verdejo, pansá blanca, cava brut nature
En salsa verde (cocochas, merluza, lenguado)	Txakolí, albariño, blancos jóvenes de chardonnay
Al horno (rodaballo, besugo, lubina, dorada, salmón)	Blancos de Godello, albariños, tintos jóvenes frescos y muy neutros, blanco con madera chardonnay
En zarzuela	Blancos de viura o macabeo, rosados de tempranillo
Ahumados	Champaña o cava, fino, manzanilla, riesling seco
Pescados con salsas ligeras	Blancos secos y ligeros
Trucha y salmón	Chablis, riesling
Pescado blanco a la parrilla	Blancos secos y ligeros
Blancos a la plancha	Sauvignon blanc
En salsas de crema	Chadonnay
Marinada del mar	Riesling, blancos de aguja
Pescados crudos, sushi	Blanco de Chablis, blancos jóvenes
Pescado azul	Beaujolais Villages, muscadet, rosados

CRUSTÁCEOS	VINOS ACONSEJADOS
Croquetas o buñuelos	Cava brut nature, blanco chardonnay
Fritos y rebozados	Jerez, cava seco, blancos sin crianza
A la plancha	Gewürztraminer
En salsa	Tinto de Rioja
Aderezados con limón	Sauvignon blanc
Langosta	Chardonnay de crianza
Cangrejo	Riesling, sauvignon blanc

MOLUSCOS	VINOS ACONSEJADOS
Guisados	Tintos jóvenes de tempranillo, chardonnay sin crianza, pinot gris
A la marinera	Blancos ligeros de chardonnay o Perellada
En salpicón	Jerez, cava brut
En su tinta	Rosados de tempranillo y garnacha
A la gallega	Blancos albariño y de Rueda
Aderezados con limón	Sauvignon blanc
Calamares fritos	Chadonnay

QUESOS	VINOS ACONSEJADOS
Brie, camembert	Blancos con crianza, tintos jóvenes afrutados, tinto de Borgoña sin crianza
Emmental, gorgonzola, cabrales, roquefort y otros azules	Vinos dulces tipo sauternes, malvasía de Canarias o lípari, encabezados dulces de Jerez, Oporto
Cheddar, gruyère	Tintos potentes de añada de cabernet sauvignon, Jerez
Frescos de cabra	Blancos sin crianza de sauvignon blanc
Manchegos, Idiazábal	Tintos de crianza de Rioja o cabernet del Penedès y Somontano
Curados	Tintos italianos, blancos dulces, Madeira
Roncal	Tintos jóvenes con poca crianza de Rioja y Penedès
Stilton	Oporto dulce, Madeira
Soufflé de queso	Tintos de guarda Priorat viejo, tintos de Burdeos
Frescos y cremosos	Chardonnay, champaña o cava
De cabra	Sancerre, garnacha, Borgoña blanco, vinos del país
Semicurados	Oporto, sémillon
Ahumados	Shiraz, saurtenes
Fondue	Sauvignon blanc

DULCES Y POSTRES	VINOS ACONSEJADOS
Arroz con leche	Vinos generosos dulces
Chocolate	Vinos rancios, Málaga, moscatel, Oporto, maury
Mazapanes	Vinos dulces cordobeses o Jerez de Pedro Ximénez
Cremas de huevo (natillas, isla flotante, crema catalana)	Vinos olorosos dulces de Jerez, Madeira, marsala
Con nata	Vinos generosos dulces, Jerez dulce
Con fruta fresca y frutos del bosque	Vinos blancos dulces
Postres con licor	Vinos blancos dulces
Repostería	Vinos dulces de Jerez, champaña y cava semisecos
Tartas heladas	Moscateles, Jerez de Pedro Ximénez, Moscato d'Asti
Crêpes	Champaña o cava
Tratas de queso	Moscatel de Navalcarnero
Turrones	Vinos olorosos, dulces o semidulces, de Jerez y Montilla
Macedonia de frutas	Moscatel, champaña o cava
Pastas y galletas	Moscatel, Jerez dulce
Mousses diversas	Moscatel, champaña o cava
Fruta	Moscatel, sauternes, riesling
Helados	Champaña o cava
Postres calientes	Madeira Malmsey, sauternes
Pasteles surtidos	Champaña o cava

Los antagonistas del vino

Muchos son los antagonistas del vino que se esconden entre los pucheros, y que lo acosan, preparándole emboscadas entre las mismas cocciones, y también sobre las ávidas papilas gustativas o en las turbulencias retronasales, donde acechan las reminiscencias que dejan sus aromas para alterarlos o destruirlos.

En el sentido del gusto —que como ya hemos visto actúa más por yuxtaposición de estímulos que por combinación de ellos—, los sabores pueden solaparse, alterarse o potenciarse con suma facilidad. El problema radica en lo instantáneo de las percepciones y en el posgusto, que puede ser desde muy largo hasta casi inexistente. Por ello, haremos un repaso de las distintas opiniones que nos dan cocineros, sumilleres y gastrónomos sobre los más conocidos antagonistas gustativos del vino.

En general, los sabores fuertes y dominantes destrozan los delicados vinos blancos. Otros sabores se ensañan con los taninos, al sumarles sus propias astringencias o al imponer su acidez, desnaturalizando el equilibrio azúcar-ácido de los caldos. Conozcámoslos y aprendamos a controlarlos, gracias a la larga experiencia adquirida por la humanidad en este irremediable destino que es el de comer cada día, y que la civilización ha sabido convertir en un arte.

Ahumados

Ya hemos hablado del problema de los pescados ahumados: sus cualidades dependen en gran medida de la etapa de salazón por la que han de pasar. Si hablamos de vinos, debemos pensar en los rosados, aunque nos encante la concordancia con los verdejos de Toro.

Los ahumados de carne, como la bresaola, la cecina o el reno de los nórdicos, o las carnes secas de los suizos, admiten un tinto ligero y untuoso de merlot. La cecina de León y la cecina de carne de caballo tienen un componente más dulce en su sabor, y prefieren los vinos de tempranillo, más o menos combinados con cabernet sauvignon.

El ajo

Crudo es tan peligroso para el vino como dentro de una preparación. Se ha extendido la idea de que es un excelente cardiotónico, pero en realidad es un potente antidepresivo, y por tanto un eficaz colaborador del corazón.

El ajo crudo es incontrolable. Se impone a los vinos blancos, haciéndoles perder su fragancia, y con los tintos jóvenes convierte el tanino en un ridículo trozo de madera. Quienes emplean el allioli para acompañar una fideuá, quedan incapacitados para la degustación de cualquier otro plato, así como para besar a su acompañante.

Con el ajo todos los maridajes resultan casi imposibles, su sabor se impone a los vinos blancos y a los tintos más jovenes.

Si se tiene mucho cuidado con su tendencia a quemarse, el ajo cocido potencia deliciosamente muchos platos. Dorado en láminas es un componente sabiamente usado en la gastronomía más delicada, como es la de los pescados, sin alterar en absoluto la capacidad para apreciar un vino blanco suave o un tinto de sutiles taninos.

Los apios, berros y alcachofas

Podemos continuar con la lista hasta hacerla muy larga, porque el antagonista que afecta a los vinos es el sabor amargo presente en muchas verduras, como puede ser la misma espinaca cocida.

El apio: es capaz por sí solo de destrozar al mejor vino tinto dándole ese temible sabor amargo que lo vuelve antipático para el paladar. Un champaña acompañando un trocito de apio de unas crudités puede ser un golpe inolvidable, ya que tendremos la sensación de estar bebiendo un batido de heno.

Los berros y sus parientes los canónigos: contienen ácido fórmico, curioso en el reino vegetal ya que es propio de las hormigas. Este ácido se suma con gran facilidad a la astringencia de los taninos haciéndolos muy desagradables al paladar. En esos casos, son recomendables vinos blancos muy neutros.

Las alcachofas: también tienen dos variantes. La versión cruda, poco extendida porque requiere un producto muy tierno que difícilmente llega a los mercados, se usa en ensaladas con mucho aceite para suavizar su astringencia natural. No hay vino que se le resista, y lo mejor es optar por un rosado muy suave y siempre muy frío. Cocidas, son sus fibras las que imponen limitaciones a los vinos, y entonces hay que recurrir a los artificios culinarios y a los aliños más o menos dulzones para que lleguen a aceptar un suave rosado.

Caldos, consomés y sopas

La carga grasa de estos productos culinarios se antepone a los vinos, dando un marco poco adecuado para su lucimiento. Las papilas se saturan o se ven alejadas y ralentizadas por un barniz que interfiere en su capacidad de percepción. Sin embargo, los consomés que llevan en su composición marsala, Madeira o Jerez pueden, siguiendo la norma clásica, ser acompañados por su propio vino.

La cebolla

Al igual que el ajo, tiene mala prensa social y juega con su ambigüedad ácida-dulce en contra de muchos vinos, por lo que es necesario proceder a su control estricto en las preparaciones.

Si nos gusta cruda y va a formar parte de una ensalada, los componentes de un gazpacho o un marinado de pescado, podemos ponerla en agua unos quince minutos antes de incorporarla al plato: el ácido es hidrosoluble y desaparece, o se atenúa según el tiempo de lavado al que la sometamos.

Una vez cocida, pierde casi todo su peligro en lo relativo a la acidez, pero adquiere un extremo dulzor. Para moderarlo, necesita estar acompañada de una buena proporción de grasas; la mantequilla o el aceite suelen ser, de forma natural, la compañía que le brinda el cocinero para este viaje.

Chacinados

La gama actual de chacinados es enorme se puede decir que casi infinita si valoramos el ritmo creciente de especialidades que aparecen en los escaparates de las fiambrerías.

Los hay que proceden de buenas salazones y que no están embutidos, como los excelentes jamones de las sierras de toda España, hijos del cerdo ibérico, sabiamente alimentado con bellotas. Estas obras de arte piden un buen amontillado andaluz, inclusive una manzanilla, y siempre los vinos de la uva tempranillo, los del año, frescos y aromáticos.

También hay otros jamones de menor entidad en el universo gastronómico. Los franceses tienen su jamón de París, al que acompañan con Beaujolais y vinos rosados. Los italianos, su jamón de Parma, y éstos lo acompañan con polenta brostolitta y Lambrusco. Para todos, un rosado con cuerpo puede ser siempre una buena compañía.

Embutidos

Hay dos tipos de salazón para el embutido en tripa. «Siempre en tripa y no en condón», dice Cela en su Viaje a la Alcarria al referirse al buen chorizo, esa maravilla gastronómica que encontramos en todos los pueblos de España. Existen, decíamos, dos tipos de salazón dependiendo del grado de humedad de la zona:

Si el ambiente es seco y el secado es natural, la sal de mar o de piedra será suficiente y, en ese caso, se podrán tomar los vinos de la tierra o los rosados. La caña de lomo de Extremadura, de Salamanca o de Huelva, miraría a un vino rosado como un pastor mira a un hombre de ciudad, pero la concordancia es ésa, qué le vamos a hacer...

Si el ambiente es húmedo, el elaborador recurre al salitre o sal de nitro para estimular el curado. Es un artificio legal, pero que afecta negativamente al embutido, dándole otra característica gustativa y haciéndolo más folclórico. Eso les pasa a algunas preparaciones que, como en el caso de la soppressa del Véneto, no fueron hechas para ser embutidos de acompañamiento, sino una reserva de carne para navegantes. Estos embutidos sólo merecen la compañía del pan en un bocadillo y no los honores de la mesa.

Los fiambres cocidos

Entre los fiambres cocidos encontramos: el jamón de York, los distintos preparados más o menos folclóricos del cerdo y una enorme cantidad de carnes de aves y derivados de las pastas de las salchichas vienesas, los salamis y los pastrones de ternera de los judíos. Todos estos fiambres, entre los que hay verdaderas delicias para matizar una ensalada, servir de aperitivo o de cena ligera, preferirán —dado su alto contenido en grasas— un tinto ligero, y mucho mejor si no es demasiado seco.

Los huevos

Especialmente la yema, pastosa y algo gelatinosa, produce en la boca un claro juego antagónico con el vino, al que limita enormemente. Los huevos escalfados o fritos mantienen esta parte con bajo índice de cocción, y por lo tanto se llevan especialmente mal con los vinos blancos.

Los tintos, en cambio, resisten las alianzas de los huevos con los componentes dulces, como son las patatas fritas y los pistos a los que se les añade un huevo, al igual que los guisantes poco crujientes para matizar su textura o potenciar su sabor. Son platos de la tierra y piden su vino, honesto, voluntarioso y sencillo.

Hay sin embargo preparaciones talentosas en las que el vino se asocia o da marco a los huevos. Los borgoñones escalfan los huevos en vino y consiguen unos platos exquisitos. El zabaione, mezcla tibia de vino de marsala con yema de huevo y algo de azúcar, es una delicia que vale la pena probar y acompañar, siguiendo la norma, con su mismo vino.

Los platos sencillos y típicos de la tierra piden vinos de su entorno. Los huevos fritos aconsejan tintos jóvenes de tempranillo o garnacha.

Los huevos forman parte de recetas magistrales y aportan, cuando están cocidos, sus notables propiedades a la buena cocina, aproximando entonces la preparación a los vinos tintos de calidad.

Platos con vinagre

El vinagre es el mayor antagonista del vino. Por su potencia y su afinidad puede destrozar la más refinada añada sólo con su presencia. Los gastrónomos no se cansan de promocionar al limón como sustitutivo, aunque sólo sea en las ensaladas. La casa Bach catalana tiene algunos blancos de gran neutralidad, capaces de armonizar incluso con las ensaladas más temibles, pero es sólo una excepción.

El toque de vinagre, en cambio, puede ser talentoso, discreto y hasta mágico, a veces mezclado con vino —o mejor con su propio vino—, para potenciar los sabores de una dorada a la parrilla o un besugo al horno. Muchos platos reciben ese toque de buenos vinagres añejados en bota de roble, que transmiten a la preparación sus notas de madera y llevan la concordancia con los buenos tintos a la cumbre.

Los vinagres de Jerez, magníficos vinagres de vino, hijos de buenas cosechas y dotados de todas las cualidades de su vino de origen, abren las puertas de muchos platos de carnes ligeras a los blancos de crianza.

Los vinagres de sidra potencian el sabor y desengrasan los patos asados, aportándoles toques frutales muy apreciados por el buen paladar.

Las comidas muy especiadas

Las cocinas mejicana, tailandesa, japonesa, china e india ofrecen diversos platos tradicionales con mucha carga de especias o muy picantes. En estos casos de abierta enemistad entre platos y vino, lo más recomendable —aunque no siempre— suele ser acompañar estas recetas con caldos blancos frescos.

Cocina mexicana

Suele recomendarse un sauvignon blanc, por su aroma afrutado, que debe servirse muy frío. Si prefiere un tinto, decántese por un ligero garnacha. Aunque pueda sonar raro, otra excelente elección para beber durante una comida mejicana es la sangría.

Cocina tailandesa

Puede elegir entre tres vinos distintos, que acompañarán perfectamente a un plato tailandés: un ácido chablis, un chardonnay o un mosela, por su contenido en azúcar, muy conveniente para las especias.

Cocina japonesa

Con los platos de tendencia ácida o sabor avinagrado, puede tomar el tradicional sake, elaborado a base de arroz, o un tinto beaujolais.

Cocina china

La grácil delicadeza de los platos chinos bien elaborados, y sus sabores contundentes, hacen recomendable el riesling como elección principal en casi cualquier ocasión. También puede optar por un gewürztraminer, muy indicado en platos con sabores agridulces.

Cocina india

En esta cocina es más habitual beber cerveza como acompañamiento de los platos. El vino que mejor casa con el curry es el gewürztraminer, aunque también puede decantarse por un chardonnay o un zinfandel blanco.

Las especias y el vino: un Olimpo armónico

Pocos elementos son tan cruciales en nuestra cocina como las especias y esos sabores que resultan tan relevantes. Las especias personalizan todo un apartado en la gastronomía, destinado a potenciar los sabores y a dar a las comidas notas de perfumes, muchas veces exóticos y suculentos.

Los mejores cocineros destacan por su capacidad, casi de perfumistas, a la hora de seleccionar y combinar la magia que aportan las plantas aromáticas y las especias.

Durante la Edad Media, las rutas a través de Asia Central, abiertas por los viajeros venecianos, permitieron que las especias saltaran de la mesa señorial al difícil arte de la conservación de los alimentos perecederos. Primero fueron —como siempre— los griegos, que las recibieron de los persas, luego los romanos —tan amigos de lo exquisito—, y más tarde la Iglesia de Roma, heredera del Imperio, la que mantuvo sus secretos y estimuló su comercio.

Fue como una fiebre del oro. La fiebre de las especias hacía lanzarse al mar a los más aventureros. La caída de Constantinopla había cerrado las puertas de los sabores, y Europa entera conocía las miserias de la carne con autolisis, sobre todo los pueblos mediterráneos a los que el frío no llegaba en auxilio de la mesa, salvo en las duras temporadas invernales. Así aparecieron y reinaron los chacinados. Venecia conserva a través de su soppressa, suerte de salami poco especiado y de gran diámetro, que se seca muy lentamente, el hábito de tener reserva de carne mediante este artificio.

Toda Europa suspiraba por un grano de pimienta que estimulara sus pesadas digestiones, por una nuez moscada que les perfumara las verduras hervidas, mientras las hierbas del campo se hacían populares y la cocina local se enriquecía esperando que los precios bajaran y se organizara una nueva cruzada que abriera la vieja ruta de la seda.

Esta vez, la solución vino por mar gracias a los navegantes españoles y portugueses. Se conocieron nuevas tierras y se llegó a Cipango y a las Molucas, y volvimos a ser felices porque también nos trajeron el chile, la patata y esa maravilla que en Nápoles comenzó a llamarse la pomma d'oro, la manzana de oro, el tomate.

Indudablemente, tanto esfuerzo y talento piden un buen caldo. «¡A cada especia, su vino!», pontifican los cocineros, y llevan razón. Hay que esmerarse por estas armonías en la cumbre de los sabores. Pero es una armonía difícil. Los rosados suelen ser la solución más socorrida para las hierbas aromáticas locales. Las grandes especias exóticas buscan más las afinidades con los propios sabores del vino, pues no necesitan estímulo sino concordancia.

La albahaca. Es la hierba para dar a las ensaladas un toque original, sobre todo si son muy ricas en tomate. El pesto es la cumbre de la albahaca, aunque curiosamente no tiene tomate, su gran aliado. Desde Génova, la albahaca reina en las mesas enriqueciendo los platos de espagueti con un toque inconfundible, sabiamente potenciada por el ajo. Las salsas de tomate adquieren un toque artesano con su perfume, y también potencia la armonía con los rosados neutros y corpóreos, así como con los tintos grignolino italianos, ligeros y neutros.

El azafrán. Esta especia cumple la doble función de aromatizar un plato y darle color. A veces nos llega adulterado con un colorante de origen americano, el achiote, que no tiene ese sabor envolvente y cálido sino un toque mucho más ácido. Pero el verdadero azafrán, el que tostamos sobre el fuego y pulverizamos haciendo rodar un trocito de papel con los hilos dentro, no tiene rival en los arroces, a los que a veces da poco color pero un sabor inconfundible. No hay paella sin azafrán: las de campo, las de caracoles y setas y las de carne, piden tintos ligeros y rosados corpóreos como compañía; las de mar prefieren los blancos afrutados y las nostalgias de nieblas de los albariños; las mixtas aceptan bien los nuevos tintos del Mediterráneo y los tradicionales claretes manchegos frescos y, gracias a la técnica, con un creciente sabor a fruta.

El azafrán es una especie que aporta color, sabor y aroma a una gran variedad de platos.

La canela. Lujuriosa y envolvente, la canela tiene una curiosa similitud con las hojas de aguacate, con las que los mexicanos cocinan los guisos de carne. Es una especia para el invierno, y transmite una sensación de calor hogareño para acompañar los escabeches y acercarlos, disimulando el vinagre, al paladar de los buenos tintos de tempranillo.

En los dulces, no obstante, limita o demora el dulzor, dando lugar a un buen trago de moscatel fresquito.

El clavo. Nos sabe, como pocos condimentos, a postre turco, a convento con fórmulas secretas en sus dulces, a vinos especiados en el invierno del cazador, al ponche de la abuela, a compota cocida con Rioja berberana, a peras al vino, a estofado que reclama un tinto carnoso, un buen Priorat, un Rioja baja o un tinto del Ródano. Es una especia que se usa tanto, que pasa casi inadvertida en los guisos. Los cocineros la incorporan en secreto a sus preparados y la quitan luego, dejando sólo esa sensación mágica que la caracteriza.

Los cominos. Son la especia más arábiga, más ligada a las tradiciones gastronómicas andalusíes. Los encontramos formando parte de las fórmulas con que se marinan o rebozan los pescados para las frituras. Muchos han conservado en la costa gaditana esa magnífica costumbre, aún tan presente en el Magreb. Esos platos piden siempre el vino de Huelva, pero es una excepción a la norma. Los vemos con mucha frecuencia formando parte de la elaboración de quesos tan reputados como el gouda, y entonces piden blancos con madera. En las carnes, redondea los sabores. Los encontramos también formando parte de los guisos centroeuropeos, como en el fleischbrot, y entonces aceptan los vinos verdes de grinzing, los tintos ligeros y con poco grado.

El curry. Es una mezcla de especias de origen indio. Su composición puede variar, pero su sabor perfuma todo el Oriente de manera dominante. Los ingleses lo llevaron a su tierra y le dieron una versión particular, como el plato con pollo, que a veces tiene auténticas sofisticaciones locales y reminiscencias de los perfumes de los puertos javaneses. Los blancos de riesling le van muy bien, rescatándolo para la buena mesa del oscuro reino de la cerveza doméstica.

El estragón. Lo encontramos enriqueciendo tortillas, salsas de pescados y, a través de multitud de vinagres cargados con sus esencias, en muchas ensaladas. Es una hierba que puede potenciar otros sabores, más que transmitir los propios, y por ello preferimos recomendar los rosados para su compañía, sobre todo por su neutralidad.

Las finas hierbas. Son una mezcla popularizada por la cocina francesa, pero hoy las encontramos con entidad propia en muchos quesos y preparados industriales que llegan a nuestra mesa, y que pueden ser platos principales en un menú de verano. Su base aromática está compuesta sobre el sabor del cebollino, al que se le añaden perejil, perifollo, estragón y alguna hierba determinada, pero siempre de huerto. Como todas las de su género, se han hecho muy populares en las ensaladas veraniegas de la Costa Azul, desde donde se han extendido hasta las mesas de muchos turistas estivales en el Mediterráneo. Nació en el marco de los vinos rosados de Lavandou. ¡Sigamos con los rosados, pues!

El hinojo. Conocido también como eneldo, o por su nombre inglés dill, es la base aromática sobre la que se maceran muchos de los pescados marinados, en especial el salmón que consumimos ahumado. Además va muy bien con el pollo y los guisos de pescado. Dependiendo del plato, admite desde champaña o cava, hasta blancos ligeros, rosados y, en algunos casos, tintos muy ligeros y afrutados.

El laurel. Es el toque europeo para los guisos de carne, indispensable en los estofados. Su sabor envolvente, y también sus potencialidades cardiotónicas, garantizan unas ciertas notas de euforia al recibir y probar el plato, un efecto que muchas veces se busca y pocas veces se logra en la cocina diaria. Acompaña muy bien a todo tipo de carnes, rojas o de ave; armoniza con los rosados potentes, y se deja seducir por los tintos mediterráneos, que casan muy bien con la textura algo grasa de estos guisos, así como con la nota perfumada de las hojas, que siempre han de retirarse antes del servicio.

La menta. Es un perfume evocador del exotismo arábigo, que aún seduce nuestros recuerdos culinarios, perfuma el té tradicional, buscando su frescura, y la transmite a los postres y ensaladas. Es un sabor fuerte, que se ha de dosificar con la finura de un perfumista y, sobre todo, debe evitarse que se dore, pues adquiere un desagradable amargor que arruina el plato. Le gusta estar acompañada con notas de madera de los blancos de sauvignon con ligera crianza.

La nuez moscada. Es la compañía indiscutible de las verduras cocidas o al vapor. No debe faltar aromatizando una bechamel, y es ingrediente indispensable en las tortas saladas de verdura, como las pascualinas de espinacas, hoy tan apreciadas. Su sabor permite comer una verdura hervida con un tinto joven sin ninguna dificultad. También armoniza con los rosados frutales, aunque no le gusta la acidez de los blancos.

El orégano. Es la hierba más mediterránea junto con el tomillo. La encontramos libre en los campos, al igual que la encuentran los maravillosos ternascos aragoneses y los corderos castellanos, incorporando sus reminiscencias a la misma estructura de sus carnes. No hay asado que no lo lleve; no hay salsa de tomate o pizza que no se enriquezca con su sabor. Un queso provolone no se puede servir si no recibe las bendiciones de un buen aceite de oliva, su toque de orégano y un tinto de la tierra. Le gusta la uva garnacha, aunque sea en vino rosado. ¡Tan generoso es con su sabor!

El perejil. Popular hasta la vulgaridad, es sin embargo un ingrediente que se ha ganado fama y aceptación con sus propios e irrefutables méritos, y gracias a su versatilidad. Picado, espolvoreado, en rama, frito acompañando un asado de carne, acepta muy bien los tintos jóvenes.

El pimentón. Forma parte de toda la chacinería mediterránea y, en España, adquiere con el chorizo sus más altas cotas de éxito. Los isleños de las Baleares aprendieron a matizar, con su sabor dulzón y algún toque picante, la untuosa pasta de sus sobrasadas. Además, encontraron en felanitx su propio vino tinto para hacerle compañía, y de la mano del turista surgieron preparaciones tan ingeniosas como los mismos huevos a la mallorquina.

Ha de añadirse con cuidado a los guisos porque se quema con facilidad, amargando la receta. Los campesinos alentejanos y extremeños cubren los quesos con una pasta de pimentón y aceite para preservarlos de los insectos y las larvas de moscas.

La páprika. Es el pimentón, pero de pimientos picantes. Forma parte importante de guisos tan reputados como el gulasch húngaro, además de estar presente en chacinados, estimulando las apetencias de un buen tinto, aunque el contraste con un vino abocado es a veces todo un acierto.

La pimienta. Es la especia que llegó a valer tanto como el oro. Tiene dos propiedades, dependiendo de la variedad. Las hay que incorporan su perfume a los guisos, y les transmiten poco picor (en este caso se parecen más a la pimienta blanca o verde). Admiten bien los blancos sin crianza, aunque su vocación las lleva a armonizar mejor con los tintos en cuanto comienzan a picar un poco. Las variedades más picantes, entre las que también se cuentan algunas verdes, piden indiscutiblemente vinos tintos.

El romero. Es, con el tomillo y el orégano, la hierba más popular de la cocina mediterránea. Acompaña carnes y pescados a la parrilla y carnes a la plancha, y tanta es su popularidad que lo vemos en casi todas las preparaciones de nuestra mesa diaria. Prefiere los rosados, pero admite con generosidad los voluntariosos tintos de la tierra.

El tomillo. Es el aroma indispensable para los clásicos escabeches. Además, potencia los marinados y los platos de marisco. Le gusta el agua, tiene espíritu marinero y alma de aventurero. No hay plato que se le resista; a cada uno le da su propio, personal e inolvidable toque. Hay incluso unos quesos en Extremadura y en el oeste de La Mancha, de buena pasta de oveja, curados en tomillo.

Los viejos ginecólogos lo recuerdan con especial cariño, ya que las mujeres de antaño se lavaban con aguas de tomillo antes de visitar al médico, una cortesía que por suerte ha entrado hoy en lo folclórico.

Casa muy bien con el laurel y el romero, y también con los tintos de la tierra. Aunque, en el terreno de los refinamientos gastronómicos, cuando está finamente dosificado, pide un buen rosado.

La vainilla. Es un componente típico de los postres. Se utiliza para las cremas —sobre todo las de huevo—, las natillas y la crema inglesa. Combina bien con los vinos de uva moscatel, dulces y suaves, o con un moscato fresco.

Hay muchas más especias que intervienen en la cocina y en su maridaje con el vino: las guascas de las sopas de Colombia, parecidas al estragón, pero más intensas; algunos chiles muy perfumados; el enebro de los guisos nórdicos, que se ha enamorado de la untuosidad del merlot y la ruta del cabernet sauvignon; o casi todas las especias secretas de la Jarira del Ramadán musulmán, que aceptan un rosado ligero. Y lo mismo ocurre con muchas otras especias que la globalización nos va haciendo conocer, en un mundo que se hace cada vez más pequeño mientras la gastronomía y las variedades y calidades de los vinos se siguen ampliando.

Ejemplos de menús y vinos

Presentamos aquí una serie de menús típicos y sus concordancias con los vinos más adecuados para acompañar los diferentes platos, que servirá de guía a quienes tengan prisa ejecutar las distintas orientaciones de este libro antes de haber consolidado sus nuevos conocimientos con la experiencia que esta disciplina requiere.

Dos formas de construir un menú

Podemos comenzar la casa por el suelo o por el tejado, en ambos casos obtendremos buenos resultados y podremos disfrutar del delicado placer del buen maridaje entre la cocina y la bodega.

Un menú alrededor de un plato

La forma clásica es contar con un alimento básico que será preparado de una manera determinada y buscar armonías atendiendo a sus circunstancias de servicio, es decir, si se servirá al mediodía o durante una cena, en temporada invernal o en los rigores caniculares, si se trata de una celebración especial, de una comida de negocios o de una velada normal.

En torno a este plato construiremos los acompañamientos, los equilibrios con los entrantes y los postres; decidiremos la conveniencia o no de servir aperitivos y si se va a dar especial realce al café y a los digestivos.

Un menú alrededor de un vino

Es una modalidad que se va imponiendo impulsada por la creciente afición al conocimiento del vino y su mundo. Este criterio obliga a analizar el caldo de especial calidad que vamos a servir y a arbitrar los medios para que sea presentado con los honores que merece; a que se pondere la necesidad o no de su decantación, y se decida si ese proceso se va a realizar en la bodega o en la mesa, preparando la puesta en escena correspondiente si fuera esto último lo elegido.

Se buscará un plato fácil de apreciar en sus sabores, perfectamente armónicos con el vino homenajeado. Además se preparará una entrada sencilla con un vino contrastante que sirva de adecuado prolegómeno y un postre delicado que no desluzca, pero que no haga caer en el olvido al plato principal. Se evitarán los aperitivos y se potenciarán el café y los licores para estimular la buena conversación, dando espacio y marco para comentar el acontecimiento.

Menú para invitar al jefe

(Es un menú que sirve para todas las ocasiones, rápido, sencillo y de corte clásico.)

APERITIVO

Hay quesos manchegos curados en hierbas (como el romero) que armonizan tanto con los embutidos como con los finos andaluces. Con esta comida se puede ofrecer como aperitivo un poco de embutidos y quesos.

PRIMER PLATO

Salpicón de marisco

Contiene pulpo, calamares, gambas, mejillones y cigalas, todo cocido, pelado y cortado, sazonado con una vinagreta... Lo clásico para acompañar este plato sería una manzanilla del Puerto de Santa María, pero tampoco le irá mal un buen cava brut o el mismo vino con que se elabora el cava, un blanco del Penedès con poca madera.

SEGUNDO PLATO

Solomillo al roquefort

Es un plato sencillo, de mucha presencia. La clave está en que los medallones de carne no sean tan gruesos como el tournedó francés ni tan finos como el filete. Conviene ponerle alrededor una capita de buen bacon y freírlo en mantequilla mejor que en aceite o en una mezcla de mantequilla y aceite. El punto es al gusto, pero siempre tendiendo al poco hecho. La salsa, a base de roquefort o, si lo prefiere, con arenas de cabrales para darle el toque local, se prepara diluyendo el queso en nata con ayuda de un tenedor. El plato se puede o no gratinar levemente. El vino ha de ser un tinto tempranillo. Mejor un vino de León o un buen Ribera del Duero. No necesita ser una reserva antigua, sino un vino joven y potente.

POSTRES

Peras al vino

La mejor forma de preparar este postre es con pera blanquilla y vino berberana Carta de Plata, y decorarlo con un poco de nata montada. Se puede acompañar con un poco de cava, aunque la ortodoxia pide el mismo vino con que fue elaborado.

CAFÉ

Servir un buen café de filtro y acompañarlo con un buen brandy de Jerez o del Puerto de Santa María, con intenso aroma a madera.

Menú para invitar al Obispo

(Óptimo para celebraciones familiares, comuniones, inclusive una boda celebrada en familia.)

APERITIVO

Con este menú es mejor no ofrecer aperitivo, sino una copa del vino con que acompañaremos el primer plato y, si acaso, algún fruto seco.

ENTRANTES

Sopa de pescado

Una sopa de pescado ligera, no una bouillabaisse, en la que se incorporará un poco de marisco y eventualmente hasta una ostra fresca agregada a cada plato.
Se acompaña con vino blanco pescador de Perellada o un vino verde portugués o, si se prefiere, una manzanilla andaluza bien fría.

PRIMER PLATO

Pasta rellena

Preferentemente de espinacas, con una salsa sencilla, all´Alfredo (nata, queso parmesano y jamón serrano picado fino).
Este plato se puede acompañar con un rosado de Navarra.

SEGUNDO PLATO

Conejo al vino tinto

Plato que pasa de lo bucólico a lo altamente sofisticado dependiendo de la calidad y edad del conejo. En el caso de conejos tiernos de caza, se consigue un plato sublime.
Se acompaña con tintos de suave paladar, como los de Madrid o Almendralejo, que tengan una buena proporción de cabernet sauvignon, criados en madera, de buena añada, aunque no necesitan ser muy viejos. El sabor afrutado acompaña mejor el plato.

POSTRES

Tocinillos de cielo

Bien presentados, en un plato decorado con algunas frutas y una hojita de menta, regado con un Vinsanto o una malvasía canaria.

CAFÉ Y LICORES

Es preferible continuar bebiendo el Vinsanto o la malvasía hasta que llegue el café.

Menú para los amigos

APERITIVO

Jamón ibérico

Se pueden usar como guarnición, sobre todo en verano, unas rodajas de unos ricos higos, preferiblemente negros.
Lo acompañaremos con vino de uva tempranillo, un Rioja de cosecheros sería ideal. Si entre los invitados hay un gourmet de corte ortodoxo, se le puede ofrecer una copa de Jerez.

PRIMER PLATO

Patatas a la riojana

Lo importante de este plato, más que el chorizo, son las patatas, que han de ser quebradas y no cortadas para que aporten consistencia y equilibrio al componente graso del buen chorizo riojano. Continuamos regando con el mismo vino.

SEGUNDO PLATO

Salmón a la sidra

Hemos elegido salmón, pero podría ser cualquier pescado de piscifactoría excepto rodaballo. Básicamente, este plato desarrolla el mismo truco que el anterior: la harina que se le incorpora a la salsa para espesarla equilibra las grasas del pescado y abre camino a un vino con fuerte componente tánico.
Lo suyo es un vino blanco con madera, de uva chardonnay. También se puede acompañar con la misma sidra con la que se elaboró el plato.

POSTRES

Copa helada

Una copa helada, con frutos rojos de la estación, acompañada de una copa de cava puede ser el cierre dulce del menú.

CAFÉ Y LICORES

Como final de este exquisito menú, ofrezca a sus comensales un aromático café y una copita de orujo blanco bien fresco.

Menú para un día de campo

(También puede hacerse en la barbacoa de la terraza.)

PRIMER PLATO

Verduras a la parrilla o verduras a la plancha

En general, es mucho más fácil hacer verduras a la plancha que a la parrilla, donde es imprescindible un buen control del fuego. También se pueden escalivar o pelar las verduras braseadas, al estilo de Cataluña y La Rioja. Pero en todo hay un importante componente aromático.

Los mejores vinos para regar este plato son los ligeros, blancos o rosados, de cabernet sauvignon.

SEGUNDO PLATO

Paella valenciana

La paella puede ser mixta o de tierra adentro, como la famosa paella huertana de setas y caracoles.

El vino ideal es siempre un tinto joven de tempranillo o un voluntarioso vino de la tierra.

POSTRES

Arroz con leche

Mejor no acompañarlo con vino, o en todo caso de un generoso dulce.

CAFÉ Y LICORES

Como final de este exquisito menú, ofrezca a sus comensales un aromático café y una copita de orujo blanco bien fresco.

Menú para una cena romántica

(Con base de ingredientes afrodisíacos, que supuestamente estimulan la libido y harán de la cena el inicio de una inolvidable velada.)

PRIMER PLATO

Aguacates con gambas

Es éste un plato frío, en el que el limón dará un toque ácido a la carne aplastada de los aguacates. Las gambas peladas coronarán el plato, otorgándole un tono de exotismo.
El vino elegido para acompañar este plato es claramente un blanco de sauvignon.

SEGUNDO PLATO

Cordero a la canela

La canela es una de las especias con más patente y conocido efecto afrodisíaco. En esta preparación, el cordero queda perfectamente realzado con su sabor.
Se puede acompañar con un Rioja gran reserva, u otro vino de uva tempranillo con gran cuerpo (tintos de criaza de Toro).

POSTRES

Dulce de castañas con chocolate

Las propiedades afrodisíacas del chocolate son legendarias. En este postre nos deleitaremos con su agradable sabor que se alía con las también excitantes castañas, para terminar la primera batalla y comenzar el último asalto.
El vino que podemos tomar es un Málaga, o quizá un moscatel.

CAFÉ Y LICORES

Cóctel de champaña rosado

Este cóctel está compuesto por tres partes de champaña rosado y una de ginebra, va agitado con hielo y servido con corteza de naranja, y nos servirá de excelente cierre a una cena placentera.

Menú de la abuela

(Éste es un menú clásico, con reminiscencias de la tierra y de los tiempos pasados, que nos devolverá a la niñez y a aquellos alegres momentos pasados en compañía de los seres queridos.)

PRIMER PLATO

Salteado de riñones con setas

El agradable sabor de los riñones al adquirir los tonos del Oporto se unirá al de las setas que más apreciemos. Hay que tener cuidado de que las hierbas aromáticas den su toque de exquisitez, en su punto justo, sin estropear los sabores ni el vino. Acompañamos este plato con el mismo Oporto usado en su preparación.

SEGUNDO PLATO

Judiones castellanos

Esta apreciada legumbre, que casi por excelencia nos sitúa en los antiguos fogones de la abuela, nos reconfortará en esta fuerte preparación, sobre todo si va aliada con un buen vino de Toro tinto de reserva.

POSTRES

Natillas

Postre tradicional donde los haya, su textura y sabor son óptimos para deleitarse con sorbitos de buenos vinos olorosos dulces, de Jerez, marsala o Madeira, aunque también nos valdría el mismo Oporto que tomamos con los riñones.

CAFÉ Y LICORES

Café de puchero y licores de hierbas.

Menú para combatir el estrés

(La cocina también puede ayudarnos a mejorar la salud. No sólo los ingredientes más sanos y selectos hacen de este arte un vehículo idóneo para conseguir el mejor equilibrio físico y mental, sino que hay recetas específicas que aúnan y potencian sus cualidades.)

PRIMER PLATO

Espárragos gratinados

Ricos en potasio, los espárragos son ideales para combatir el cansancio, la debilidad muscular y los estados de nerviosismo. Este delicioso primer plato lo regaremos con un buen Rioja alavesa rosado seco, que conjunta el origen de los excelentes espárragos de Navarra con el caldo que hemos elegido.

SEGUNDO PLATO

Salmón marinado

El salmón también es una poderosa fuente de potasio, así como de vitaminas B5 y B6, importantes para el metabolismo, y el magnesio, que previene la irritabilidad, los estados de debilidad y la hipertensión. En este caso seleccionamos un vino blanco de aguja del Penedès, aunque también es posible acompañar el plato de un riesling.

POSTRES

Macedonia de frutas

Las frutas son fuente de vida, pues contienen altas cantidades de vitamina C y potasio, además de constituir un delicioso y fresco postre. Tomaremos con la macedonia un moscatel dulce, que reconforta el espíritu.

CAFÉ Y LICORES

Agua de Palermo

Esta bebida es un perfecto reconstituyente, en el que se mezcla el contenido de una botella de vino blanco (puede ser el mismo de aguja anteriormente empleado) con el zumo de un pomelo se le añaden trocitos de naranja y lima, y se mezcla bien con azúcar al gusto.

Un menú para acompañar un gran vino

(Tenemos un vino maravilloso, de más de veinte años. Será un vino cansado, moderado en el color, con intensos aromas de reducción, noble y lleno de sorpresas. Lo importante será darle el marco adecuado para su lucimiento y no hacerlo desaparecer, víctima de un derroche aromático.)

PRIMER PLATO

Almejas a la marinera

Haremos una preparación ligera, con poco ajo y en la cantidad de vino blanco que incorporaremos a la salsa, que será preferiblemente un blanco suave de uvas chardonnay o Perellada, que contribuya con su sabor algo yodado al delicado lucimiento de las almejas.

SEGUNDO PLATO

Estofado de carnes rojas

Para acompañar nuestro vino necesitaremos un estofado de carnes rojas. Su salsa, elaborada con los jugos en que habremos marinado la carne desde la noche anterior, estará realzada sólo con el brandy, y su ingrediente principal será, en temporada, buenas setas frescas y, en verano, ceps secos (funghi porcini), si se consiguen múrgulas (colmenillas) y, en ambos casos, un ligero toque de trufas. La salsa ha de espesarse con harina tostada para redondear, sin el añadido de nata, una perfecta ligazón. De la delicadeza con que lo maticemos con un poquito de tomillo y laurel dependerá que el marco que queremos dar a este vino único sea también incomparable.

POSTRE

Hojaldre, mazapanes, etc., acompañados de una suave malvasía.

CAFÉ Y LICORES

Café y Armagnac.

El arte de cocinar con vino

Ha llegado la hora de abandonar la parte contemplativa, ponerse el delantal y meterse entre los fogones; o, al menos, la hora de conocer los secretos de la cocina con vinos y las preparaciones en las que éstos se añaden.

El vino es un ingrediente culinario de extrema fragilidad. La mayoría de sus componentes son volátiles, hábiles o sensibles a las altas temperaturas, a los ácidos y a los dulces. El cocinero sabe que puede emplearlo para crear sabores especiales, pero casi nunca texturas. Su calidad de potenciador de ciertos perfumes y aromas culinarios, relacionados con la madera, suele ser en la mayor parte de las ocasiones el motivo por el que se incorpora el vino a los guisos.

Con todo, debe decirse que existan pocas recetas que realmente pidan vino, pero sí muchos marinados a los que aporta generosamente su tremendo poder hidratante. Es el caso de las preparaciones que tienen como base la carne de toro de lidia. Si ha muerto tras una buena lid, la carne será la de un animal relajado y resultará tierna y sabrosa; además habrá perdido en gran parte su carga de sangre, mejorando notablemente su sabor. En cambio, si el animal no se ha entregado a la lucha, la carne estará contraída, tendrá una gran cantidad de sangre y su sabor será rudo. La solución a esto es la maceración en un buen tinto de alto grado alcohólico y buena madera, la misma técnica que se usa con algunas carnes de jabalí y de ciervo para relajar por lisis las fibras musculares y diluir la carga de sangre, que se degrada con facilidad, dando colores verdosos y azulados debido a sus sales de hierro.

También es muy común macerar el pescado con vinos, sobre todo con vinos ácidos o con la adición de algo de vinagre. Los boquerones suelen quedar maravillosos cuando se emplea esta técnica.

Existen otras recetas con vino que son el fruto de una sofisticación inútil y absurda dentro del mundo de las lógicas armonías gastronómicas. Hay champañas condenados a destruirse en cualquier salsa, y vinos ácidos que se pierden en la acidez de una salsa de tomate. Sin embargo, siempre quedará bien una generosa cucharada de Jerez en un buen caldo de carne.

Romper la ortodoxia

Parece un pecado mortal suponer que se puede acompañar un plato elaborado con vino con otro que no sea el usado para la preparación. No es cierto. Resulta innecesario derrochar un excelente caldo, del que casi no quedará una gota tras su paso por los fuertes calores a los que le somete la preparación. Basta cocinar con un vino parecido —que sea de calidad, eso sí—, pero mucho más joven y fresco, que pueda comparársele en las notas aromáticas que ha de aportar. Si el vino es realmente vulgar, la elaboración se resentirá. Al elegir el vino para una receta, hay que valorar sobre todo el grado de acidez y el contraste ácido-dulce.

No malgaste los buenos vinos, ni siquiera los restos que, si son suficientes para llenar una copa, pueden guardarse un día o dos herméticamente en la nevera, para alegrar el aperitivo con más eficacia que una salsa.

Equilibrar los colores

Aunque a veces los sabores no obligan a observar esta norma, es común equilibrar los colores en la preparación de recetas con vino. El pigmento tánico de los tintos aporta un sugestivo toque a las salsas oscuras, además de favorecer, con sus astringencias, la textura de las carnes. Los vinos blancos, en cambio, serán los predilectos para las salsas claras.

Elegir el vino adecuado para cocinar

Repasemos ahora las concordancias entre los vinos y los platos a cocinar. Hemos de aplicar un buen criterio de selección calidad-precio, evitando el derroche, pero sin olvidar el resultado apetecido y la posterior concordancia con el vino que ha de acompañar al plato en la mesa.

Las carnes, especialmente las de caza, piden salsas de vinos tintos más tánicos y alcohólicos

Las carnes, especialmente las de caza, piden salsas de vinos tintos más tánicos y alcohólicos, y más cuanto mayor sea la pieza y la edad del animal. Los pescados se comportan mejor con vinos afrutados, como los blancos de riesling o el moscatel. Si el pescado va acompañado de marisco, deberá optar por vinos con madera. En cuanto a las aves, son menos específicas en su concordancia con los vinos. En estos casos se pueden emplear, según el gusto, vinos tanto blancos como rosados o tintos, aunque sin excesiva carga tánica.

El adobo y la maceración

Pocos pasos requieren tanta delicadeza de la nariz como la composición de los adobos, en los que generalmente la componente ácida del vino viene a brindar la mayor parte de sus aportes, acompañado a menudo por su peor antagonista, el vinagre.

Si el plato ha de ser macerado, el vino que se escoja dará la nota de la condición del producto obtenido, así que opte por la calidad, ya que estará cocinando con una de las técnicas más delicadas y agradecidas de la cocina.

Los hervidos

Se trata de cocinar por convección en un medio húmedo, generalmente acuoso, aunque hay preparaciones que hierven en otros líquidos, como la leche, los jugos de diferentes frutas, la leche de coco, la cerveza, la sidra o, en el caso particular de los escabeches u otras preparaciones especiales, el aceite. En este caso, el tipo de cocción se denomina «confitar».

El hervido no es un método ideal para conservar los sabores ni para potenciar la personalidad de los ingredientes. Es más, tiende a la uniformidad, ya que el medio se mantiene en torno a los 100 ºC —el punto de ebullición del agua—, y esta temperatura es demasiado baja para fundir las grasas animales.

Es difícil lucir los grandes vinos en un hervido. El cocido y los distintos platos regionales, que suelen conocerse con el nombre vernáculo de la olla en la que se cuecen, obtienen su sabor de una gran riqueza de componentes grasos muy aromatizados y las texturas de algunos componentes agregados en el último momento. Siempre buscan la compañía de los vinos sencillos y potentes que colaboren con sus taninos en la digestión, que sin duda se hará pesada. Las carnes se vuelven gelatinosas; el medio deviene graso; las verduras, fibrosas. Algunos cocineros hacen un estofado largo, fríen las carnes y luego les añaden el medio acuoso e incluso, a veces, algo de vino. Así hacen más digeribles las grasas y potencian los sabores.

La cocción al vapor

Este tipo de cocción respeta el sabor natural de los productos, los colores de las verduras y, principalmente, las texturas. No es buena para componentes grasos y carnes muy firmes, pero sí una maravilla para las aves de corral, los pescados y los mariscos.

La cocción al vapor no admite piezas de gran espesor. Se pueden rehogar primero las carnes y luego cocerlas al vapor. El resultado es muy interesante, especialmente si se elabora en el ambiente cerrado de una marmita a presión.

Se acompañan muy bien con blancos frescos de buena acidez, aunque se ha de tener cuidado cuando se sirven con vinagretas, pues afectan de manera importante a los vinos.

Los estofados

Es otro método de cocción en ambiente húmedo. Combina la parte hidrolizante del hervido, para ablandar las carnes, con las virtudes de la fritura para tratar las grasas. Pero debemos considerar dos tipos, dependiendo del medio empleado para la hidrólisis.

Estofado con presencia de alcohol

El líquido se convierte en el fondo de la salsa, y la elevada presencia de vino u otro alcohol disminuye la temperatura de cocción a unos 80 °C, con lo que los aromas son menos volátiles y quedan ligados a las grasas de la salsa. La idea es que el vino añadido impregne las carnes, cediéndoles su perfume. Se pueden usar indistintamente el fuego directo y el horno, aunque en el primer caso se ha de estar atento para que el líquido no llegue a hervir.

Los vinos para acompañar los estofados prefieren la madera, la crianza, aunque no han de ser muy pretenciosos y sí ligados siempre al gusto local del guiso y al vino usado en la propia cocción. Un Priorat o un Barolo ofrecen ese contenido de reminiscencias antiguas que tiene el plato, y armonizan con él de maravilla.

Estofado con agua o caldo

El estofado clásico es similar al anterior, pero el medio de hidrolización es agua o caldo. Es una preparación ideal para carnes fuertes y correosas, ya que su buen dorado controla las grasas y la larga cocción en ambiente húmedo las ablanda de manera radical. Siempre se puede añadir vino tinto, viejo y enmaderado, que aporta sus taninos y sus perfumes a una salsa que ha de reducirse con especial cuidado para evitar su hervido. Las hierbas aromáticas le dan un delicioso toque localista.

Los estofados piden buenos y viejos vinos tánicos similares al empleado en la cocción.

Los fritos

Freír es un método de cocción mixto. El fuego o una resistencia eléctrica transmiten el calor al aceite —o a la grasa que se emplee como medio—, y éste lo cede a la pieza a una temperatura en torno a los 180 °C, ya que el punto de ebullición del aceite es muy superior al del agua. En esas condiciones, la pieza sufre en su superficie una desnaturalización de sus proteínas y una caramelización de sus glúcidos, mientras que las grasas se licuan y se incorporan al medio, dejando las proteínas que las retenían sometidas al proceso de desnaturalización y dorado.

Se fríe siempre con la grasa disponible. En las regiones donde el aceite es más difícil de obtener que la mantequilla, se usa esta última, aunque su capacidad para freír es menor que la de aquél, debido a su más bajo punto de ebullición. Muchas veces incluso se combina la mantequilla con el aceite, como en la Lombardía italiana, cuna del filete empanado (milanesa, o cottoleta a la milanesa).

Se fríe lo que da el campo o el mar: carnes, verduras y pescados. Los pueblos mediterráneos, y en especial los de Andalucía (y dentro de Andalucía, Cádiz en particular), son unos maestros friendo pescado. En general, los alimentos fritos son antagonistas de los vinos con madera. Pero siempre es posible buscar lo inusual, como en el caso de los pequeños fritos de pescado, que se acompañan a menudo de vinos de Jerez. Los vinos blancos del condado son sin duda su compañía predilecta.

Para los fritos los vinos blancos de la tierra son los mejores aliados.

Las frituras de carnes o aves prefieren los tintos jóvenes y, en el caso de la milanesa, el propio vino de la tierra, un buen Lambrusco o un tinto joven, siempre sin madera.

Confitar y escabechar

Usando una gran masa de aceite, que en algunos casos puede ir acompañada por jugos de frutas o simplemente vinagre (escabeche), se hace una cocción que en los tiempos de las Cruzadas fue muy popular.

El principio usado en el escabeche, de origen árabe y aún vivo en la alta Castilla, es la convección pura: la temperatura, de unos 140 °C, va floculando las proteínas —que ceden agua—, e hidrolizando las grasas y algunos componentes proteicos ligeros en una masa gelatinosa. Las proteínas de las masas musculares, sin embargo, mantienen su consistencia al flocular libres de su agua. Esta técnica, denominada modernamente confitado, se usa para la preparación doméstica e industrial de productos como las mollejas de las ocas y patos que producen el foie gras.

Los productos, en el caso de los escabeches, no se ven influenciados por el vinagre, y admiten los mejores y más añejos tintos, especialmente si están acompañados por magníficas y especiadas compotas.

Las carnes asadas

El asado es una cocción en ambiente seco. El principio es potenciar el sabor de las carnes con un tratamiento aromático muy superficial, procurando conservar sus características propias. Las carnes han de ser tiernas y bien oreadas, es decir, que han de haber reposado al fresco tras la muerte del animal para que no se produzcan reacciones de contracción de las fibras musculares, ni se vean afectadas por componentes de la sangre que quedan en los tejidos (pero sin llegar al «faisandaje a la inglesa», que puede resultar exagerado por el excesivo tiempo que se le brinda al oreo).

Existen diversos puntos de cocción para un asado al horno, dependiendo de los usos locales y del tipo de carne y, sobre todo, de lo tierna que ésta sea:

Las carnes rojas

La ternera y los animales jóvenes preferirán el fuego fuerte al principio, y una cocción más lenta y breve después que preserve el color rojo del interior y sus jugos, en una masa de fina textura.

Las carnes más blancas

Las carnes de cordero o cerdo requieren una cocción más importante, que afecte a toda su masa y dore sus componentes grasos, haciéndolos más digeribles.

Las carnes blancas de aves

Conviene untarlas con componentes grasos, mantequilla o aceite, que aseguren un buen dorado para desgrasar las pieles, algo difíciles de digerir.

La concordancia con los vinos depende de la potencia aromática de las carnes: las que tienen más sabor, con los vinos más fuertes; las rojas, con los tintos; las blancas, con los blancos, y las aves prefieren, en general, los rosados. Pero vamos a puntualizar los diferentes casos:

La carne de buey pide un buen vino tempranillo redondo o un delicioso Pinot noir.
La carne de ternera, un merlot o cabernet sauvignon o un tempranillo suave.
El cerdo acepta casi todos los tintos, desde los muy tánicos hasta los finos cabernet sauvignon y los más delicados Ribera del Duero.
El cordero, buenos tintos de buen tanino, redondos y perfumados; los vinos de cosecheros de La Rioja son muy adecuados.
Pavos y pollos, aceptan muy bien los tintos ligeros y los rosados con cuerpo.
Patos y ocas, más fuertes y grasos, aceptan mejor un tinto joven con crianza, auque un rosado corpóreo o un riesling potente le van muy bien.
El avestruz se asa muy poco, pero su carne pide más los tintos jóvenes. Guisada, prefiere los riesling y blancos aromáticos.
La caza de pluma se asa poco, dada su consistencia más correosa, pero hay patos que sí la admiten y pavas de monte que quedan muy bien a la brasa cuando son gorditas, y prefieren siempre un tinto suave y algo abocado. Guisadas, piden tintos con taninos intensos y redondos.

Otras formas de asado

Hay un tipo de asado en el que se añade al producto una capa de sal o barro, que se seca formando un horno privado en torno a la pieza. El objetivo es hacer cocer la pieza con poco aporte de aromas por parte del medio, aislarla y dejar que sus propios componentes grasos y lípidos actúen de agentes de cocción. Los pollos y los pescados al barro son bastante populares en Centroeuropa, y los pescados a la sal constituyen la oferta diaria de muchos restaurantes. Se acompañan muy bien con vinos frescos y ácidos.

Las parrilladas

La parrilla es una de las técnicas culinarias más apreciadas en la actualidad, especialmente en las temporadas calurosas, cuando se prefieren los alimentos bajos en componentes grasos.

Para las parrilladas es conveniente inclinarnos por los vinos tintos, potentes y tánicos.

A mitad de camino entre el cocido por radiación y el ahumado, cuando se utilizan carbones de maderas nobles, se presta para cocinar casi todos los productos con un adecuado grado de tendreza: carnes de todo tipo, todos los pescados grasos, y todos los mariscos o pescados no grasos con el adecuado complemento untuoso. Prefieren vinos locales sin excesivas pretensiones. En el Mediterráneo, y en especial en España, el cordero, las buenas piezas de cerdo —principalmente de cerdo ibérico— y los embutidos frescos reinan sobre las brasas. Siempre piden un buen tinto. Hay preferencias localistas por los vinos de la tierra, que armonizan con la auténtica rusticidad de la técnica y traen reminiscencias de los vinos de antaño, menos pretenciosos que los buenos y delicados vinos actuales.

La cocción por radiación

Son nuevos elementos que surgen de la tecnología y se incorporan a la cocina diaria en el hogar, aportando agilidad y variedad a los platos domésticos.

Las resistencias eléctricas

El grill moderno le quita a la cocina algo de su magia, al no incorporar el componente sutil del ahumado, pero permite comer carnes, pescados y mariscos, además de verduras, con un reducido componente graso. Tiene buenas complicidades con vinos ligeros y tintos con madera.

Los hornos de microondas

Las microondas son radiaciones que penetran en los alimentos y hacen vibrar las moléculas acuosas, calentándolas por la cesión de energía, que éstas transmiten luego al resto de la preparación. Los gases, casi inexistentes, se evaporan con rapidez, y las moléculas de agua cuecen por conducción las proteínas y los glúcidos del alimento.

En general, sus preparaciones son equiparables a las elaboradas al vapor y, por lo tanto, sus preferencias por los vinos son también similares, siempre muy ligadas a la salsa que las acompañe cediéndoles su carga aromática.

La cocina vegetariana y el vino

Incluimos aquí esta sección más que nada en consideración a la tendencia generalizada de creer que esta práctica gastronómica es una cocina aparte, sobre todo por sus fundamentos a veces ligados a conceptos filosóficos hinduistas y brahmánicos. Su origen está ligado a la filosofía zoroástrica, aún hoy viva en las tradiciones iraníes, desde donde se extendió principalmente a la India.

Para las recetas a base de vegetales es preferible escoger vinos suaves y con poco cuerpo.

La dieta vegetariana consiste básicamente en comer patatas, algunas legumbres, arroz, verduras y una gran cantidad de glúcidos en forma de pan o galletas de todo tipo.

Los verdaderos vegetarianos, los de raíz filosófica, pueden dividirse en diversos grupos, dependiendo de la proteína que consuman —a veces sustitutos carísimos como son los derivados de la soja y otros productos, entre los que destaca el tofu—. Algunos comen también pescado, otros huevos o leche, o al menos queso y yogurt.

Combinar esta comida con vino es sencillo, pues en general acepta muy bien los vinos ligeros, neutros y con poco cuerpo.

El queso y los patés en la elaboración de platos

Los quesos tienen en la gastronomía una importancia enorme, principalmente por su aporte en muchos sabores originalísimos. Sería inconcebible pensar en una comida griega, italiana o francesa sin la existencia de estos productos.

Lo curioso del caso es ver de qué forma automática se los ha ligado a los vinos tintos. Esto está bien y es correcto con los quesos de pasta muy firme, como el manchego, el gouda, o el cheddar, y los de oveja de origen pirenaico. Pero los quesos azules, y en especial el roquefort, piden un blanco dulce, y una combinación clásica de este último se hace con el sauternes. El stilton de los ingleses pide una buena copa de porto. Los quesos de pasta blanda y fuerte aroma, como el camembert o el pont l'eveque, piden blancos neutros, como la mayoría de los franceses cremosos. No así los de cabra de la Provenza, que prefieren un joven Côtes du Rhône.

En caso de duda, pruebe con un blanco ácido, fresco y joven, y verá qué bien contrasta con el queso. Si el vino es algo abocado, mejor. Aunque si toma un arenas de cabrales, acompáñelo con sidra, y si el queso es una torta del casar, con vino de Almendralejo.

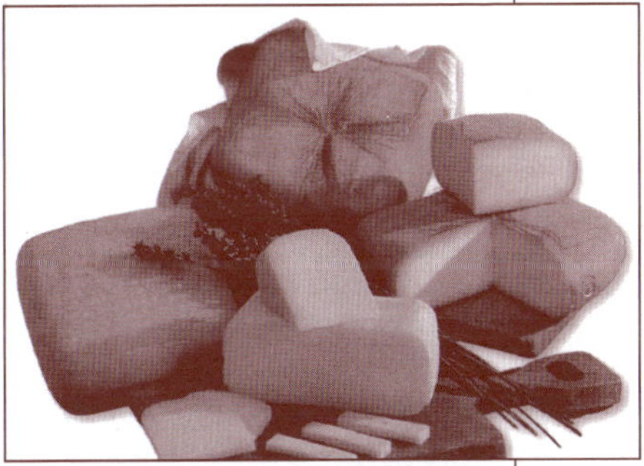

Recuerde que la misión del vino no es potenciar el sabor del queso sino acompañarlo.

Los patés, en cambio, son un invento industrial que nada tiene que ver con el foie gras. Nacen de la necesidad de la industria de colocar grandes excedentes de grasas y mantecas de cerdo, y permiten una comida sencilla, especialmente para los jóvenes que afrontan compromisos sociales contando con poca experiencia o escasos recursos culinarios.

Son productos muy grasos y necesitan ser acompañados con alimentos que tengan abundante harina, como el hojaldre y el pan tostado, además de un vino generoso dulce. Toleran mal el tanino de los vinos viejos, pero pueden aceptar un tinto fresco y afrutado, como un Rioja de cosecheros.

La terminología del maridaje

Creemos que es nuestra obligación socorrer al lector que se ve acosado con el frívolo uso de las expresiones profesionales del vino, su maridaje y su protocolo. Parece que todo un mundo destinado a la divulgación se ha puesto de acuerdo para dar más armas a ese lamentable vicio social, y el vino —con el carácter de exclusividad que trasunta— es un medio explotado hasta el cansancio en dichas prácticas, a nuestro entender innecesarias.

En aras de un buen conocimiento sobre el tema, queremos explicar a qué obedecen estos lenguajes —a la vez tan curiosos y específicos—, así como cuál es la imagen que representan, para permitirle un adecuado entendimiento cuando se encuentre en una conversación sobre estos aspectos. Además, incluimos un completo glosario de los términos profesionales de la cata con el fin de que pueda disipar cualquier duda que le surja sobre su significado.

El lenguaje profesional nació del uso. Ya en 1600, Olivier de Serres comienza a reunir términos sobre su manera de «guiar» y «moldear» los vinos. Luego se han sucedido los glosarios y los diccionarios enológicos que, afortunadamente, abundan en las librerías y bibliotecas especializadas.

Cuando un especialista explica que un perro, un animal con gran sentido del olfato, se hace una imagen a través de ese sentido, similar a la que nosotros tenemos con el sentido de la vista, nos sorprendemos y nos miramos con cierta incredulidad. Pero nosotros también podemos desarrollar y controlar los sentidos para que nos ofrezcan imágenes sensoriales, que pueden expresarse en escalas de valoración subjetiva.

Vayamos al detalle para que sea más sencillo «verlo».

Vocabulario para la estructura

El catador, mientras mueve el vino en la boca y lo palpa con la lengua, compara sus sensaciones con impresiones de volumen, de forma y de consistencia. Se hace una representación física de la conformación del vino. Son curiosos estos efectos ópticos de la sensación, que podríamos llamar «estéreo-cata», ya que nos gusta ponerle nombre a todo lo conocido.

La simultaneidad de las sensaciones crea el relieve gustativo de manera similar a la percepción de un músico en una orquesta, en la que la yuxtaposición de sonidos da el relieve sonoro a sus sensaciones auditivas.

El vino no se representa en la mente del catador como la fina capa que moja su lengua, sino como una estructura en tres dimensiones. Siente un espesor, un volumen, una textura particular: habla de un vino percibiendo su silueta, su relieve y su superficie.

Así, la forma ideal del vino es la esfera, un equilibrio perfecto de volumen. Pero el vino no es estático, se va modificando, cambia su forma y puede ser redondo al principio y afilado, puntiagudo, aguzado en su final. La primera forma, la del ataque, puede variar o incluso desvanecerse.

El profesional juzga estas formas variables y las describe: redondo, corpóreo —en contraposición a aplastado—, estrecho, hueco... Es más, la misma impresión del sabor es imprecisa y se liga a la fuerza y al cuerpo.

Las impresiones del equilibrio se expresan en su línea: armoniosos, bien construidos, en contraposición a los descarnados, disociados, despojados. Las impresiones de superficie: lisa, aterciopelada, fluida, están en contraposición con los vinos ásperos, rugosos, cortantes. Y las impresiones de consistencia: vinos duros, recios, rígidos en contraposición a los tiernos, maleables, melosos, desvanecidos.

La terminología es amplísima y ha de usarse y valorarse con sumo cuidado y prudencia, para no equivocar su sentido, a veces contradictorio con la semántica del lenguaje cotidiano.

Vocabulario para la vinosidad

La vinosidad es una expresión que recoge las impresiones de la fuerza alcohólica de un vino. Es la revelación del valor cálido y agradablemente cáustico, aspectos que se unen y funden con otros matices gustativos y cualidades. Hay que tener en cuenta que la vinosidad no se percibe por debajo de ciertas concentraciones alcohólicas, más o menos de unos 11°, y que está relativizada por la temperatura, a la que esta sensación es muy sensible. La vinosidad es consecuencia de la sensación de disolvente, de efecto penetrante que produce el alcohol sobre las mucosas impregnadas de saliva.

No hay que confundir la vinosidad con el cuerpo, pues son conceptos muy diferentes. De hecho, la sensación de corpulencia que podemos tener, ni siquiera está ligada a la vinosidad.

La imagen que se le representa al catador es la de fuerza, energía. Incluso se utiliza la expresión «fuerza alcohólica» para reflejarla: un vino vigoroso, robusto, potente, con cuerpo en contraposición a otro débil, delgaducho. La expresión habla de vinos fortificados cuando son encabezados.

Los vinos de poca graduación sugieren términos como pequeños, pobres o débiles, contrapuestos a los cabezones, que se suben fácilmente a la cabeza.

Vocabulario para lo dulce

No hay que confundir lo dulce con lo azucarado, dos conceptos distintos. El término «dulce» califica a un tipo de vino en función de su azúcar residual; «azucarado» expresa en cambio el sabor dulce que produce la alta carga alcohólica, más concretamente la carga de glicerol —que transmite una suavidad peculiar—. La sensación de placer sólo procede del sabor dulce. El resto de los componentes no la producen, salvo si son atenuados y matizados por la propia sensación de dulzor del alcohol. Es un condicionante muy específico y que evidencia de manera particular el equilibrio de los componentes del vino.

Si agregamos alcohol a un vino delgaducho se hará más delgaducho aún. El equilibrio es la clave, y de ahí el vocabulario que muchas veces se emplea para evidenciar la presencia de glicerina. La presencia de azúcar residual, en cambio, tipifica los vinos por este componente desde los licorosos hasta los dulces. La expresión abocado se refiere a un dulzor casi subjetivo, por la facilidad y el placer con que se bebe.

Vocabulario para la acidez

La acidez es tal vez uno de los factores más trascendentales en la expresión de calidad de un vino, aunque los grandes vinos raramente son ácidos. Especialmente en los blancos, el control durante la elaboración y la pericia del elaborador en controlar la acidez dirán mucho a favor de la calidad.

Tal vez por su importancia y complejidad, el vocabulario ligado a la acidez es el más rico y específico. Hay tres categorías de expresiones:

- **La acidez:** expresa valores más o menos excesivos.
- **La carencia:** expresa valores de falta, de defecto.
- **La inexistente:** expresa valores de ocultación o carencia percibida en el equilibrio gustativo. Es la acidez desconocida, un peligroso factor que atenta contra la armonía.

Las expresiones de frescor y vivacidad se suelen referir al ácido málico, mientras que las de dureza o posgusto ácido se refieren al ácido tartárico. También se suele usar la expresión verdor como un valor de desagrado, y referida a la sensación de acidez que transmite al vino la fruta poco madura.

Hay una imagen de agresión en los valores exagerados de acidez: cortante, punzante; y de aridez y sosería en los vinos sin suficiente expresión ácida: secos, cortos, etc.

La acidez acética —el defecto más grave de un vino—, produce un enorme caudal imaginativo, prodigado tanto en expresiones desagradables como agriado, alterado, como de cierto tipismo popular, tal vez proveniente de la elevada carga acética del vino que se daba a los trabajadores del campo (quizá para acrecentar su efecto refrescante, en opinión de los bienpensantes, o para quitarse de encima el vino malo, según los más críticos con los usos sociales de antaño).

Vocabulario para lo amargo y lo astringente

El mundo de los taninos es de una enorme complejidad en las sensaciones. El catador recurre a numerosas impresiones que, yuxtapuestas, dan una imagen de este factor tan importante en la sutileza de los vinos.

- **Las sensaciones de amargor:** se han usado durante muchos años asociadas a una plaga que atacó los vinos de Borgoña en la época de Pasteur. No obstante, el complejo tánico de un vino es en sí amargo, aunque produce una sensación mezclada con la de astringencia, y relativizada por la carga ácida. Algunos turbios, con las lías de las levaduras presentes, tienen un fuerte posgusto amargo. Existen muy pocos calificativos a este respecto, ya que cuando el amargor aparece no se habla de otra cosa.

- **Las sensaciones de astringencia:** muy a menudo interpretadas como gamas desagradables de lo amargo, en algunos vinos las expresiones surgen a través de similitudes metálicas. A veces se usa la expresión sabor a cápsula para identificar este efecto en algunos cabernet sauvignon.

También se usan expresiones para la sensación de madera: sabor a cuba, sabor a orujo, sabor a prensa, enmaderado. La virtud se expresa con términos como tánicos.

El tanino es un componente del cuerpo del vino y contribuye a las expresiones fuerte, consistente, sólido. Es una garantía de longevidad, como expresa el término larga boca, larga conservación. Un vino con buen tanino tiene continuidad, pero un exceso lo hace duro.

El equilibrio tánico —su suavidad— está muy relacionado con la sensación de calidad que transmite el añejamiento a través de su complicado, lento y tenaz trabajo.

Vocabulario para la expresión de las sensaciones

El lenguaje profesional está expresado en términos cortos y sencillos, que tratan de resumir un defecto o una cualidad y referirla a imágenes fácilmente cognoscibles. En muchos casos ha sido necesario intentar fijar imágenes borrosas, sutiles, muchas veces en el límite de lo imaginable, y atribuirles una semántica propia, a veces panteísta y otras veces mitológica. Pero también se trata al vino en un sentido figurado, como si fuera un personaje, como si tuviera forma y vida propias.

Lo que sorprende al profano, y a veces le seduce, es esa especie de idealización algo romántica que se hace del vino; su asimilación a cuerpos geométricos, a tejidos, a un ser vivo del que se describe, no ya su físico, sino su íntima personalidad. Hablamos de su juventud, de su vejez, de su crianza y evolución, de sus cualidades, de sus defectos y hasta de sus vocaciones. Usamos expresiones para definir su belleza y su clase social; lo tipificamos de un gran señor, haciéndolo formar parte de nuestra elitista y jerarquizada sociedad. Describimos su clase, su raza, lo incluimos en el grupo de los escogidos o de los populares, y aun de los indigentes en lo más bajo de la escala de valoración.

La alegoría anatómica es inevitable: musculoso, atlético, en contraposición a flaco, descarnado. Aunque no se detiene ahí, sino que se apodera de sus valores morales, de sus virtudes: honesto, puro; de su carácter: combativo, agresivo; de sus capacidades, su honestidad y sus defectos o sus traiciones. Son la expresión de nuestro propio deseo de estar presentes en todo, de imponer al hombre por encima de la naturaleza, que es, en definitiva, la que nos da esos incontables momentos de auténtica humanidad, disfrutando y compartiendo una buena copa de vino.

Vocabulario profesional

abierto: se dice de los vinos tintos de color muy claro, poco intenso.

abocado: vino con sabor ligeramente dulce. Su contenido en azúcar está entre 5 y 15 g/l. Que se bebe con facilidad.

aceitoso: vino que tiene un aspecto oleoso a causa de una enfermedad poco frecuente hoy en día.

acerado: matiz de color con brillos metálicos de algunos vinos blancos.

acerbo: vino ácido, áspero y astringente. Desagradable y raspante en boca por exceso de ácido málico.

ácido: vino con acidez muy marcada.

acídulo: vino ligeramente ácido.

acuoso: vino muy débil y ligero, con sensación acuosa, y desequilibrado por falta de acidez, alcohol y extracto.

afrutado: vino que por sus aromas y sabor nos evoca determinadas frutas. El carácter afrutado es propio de los vinos jóvenes, y va desapareciendo con el tiempo.

agresivo: vino desagradable por exceso de acidez, muy fuerte y penetrante.

aguado (acuoso): vino al que se le ha añadido agua.

aguja (de): se llama así al vino que contiene una ligera efervescencia gaseosa, menos pronunciada que en los espumosos, que pica el paladar y la lengua. Esta sensación es producida por el gas carbónico remanente en algunos vinos.

ahilado: vino afectado por una enfermedad que producen las bacterias anaerobias, y que debido a ello se presenta turbio y fluye formando madeja, como los aceites, debido a su naturaleza viscosidad.
ahumado: sabor a humo.
aireado: vino con aromas disminuidos y pobre de sabor por exposición al aire.
alcohólico: vino desequilibrado, ardiente al paladar, en el que se aprecia nítidamente su alcohol, tanto al olfato como en boca. Puede resultar de una excesiva graduación o de una presencia insuficiente de los demás sabores.
aldehídico: vino con mucha carga de aldehídos, probablemente resultado del envejecimiento.
aldehídos: sustancias volátiles que aportan aromas a los vinos y que se forman por oxidación de los alcoholes primarios.
aliáceo: característica defectuosa referida al aroma que recuerda a los ajos y/o cebollas; propio de un vino joven.
almendrado: aroma que recuerda a almendras amargas, típico de los vinos de Jerez.
almizclado: aroma que evoca el almizcle.
aloque: vinos elaborados con mezcla de uvas blancas y tintas, generalmente con un color tinto claro.
alterado: vino desequilibrado que ha perdido sus cualidades por alguna enfermedad o por decrepitud.
amable: vino agradable, fresco y frutal.
amargo: vino generalmente defectuoso por exceso de este desagradable sabor.
amarillo: vino blanco de limpidez correcta que no refleja la luz y no irradia destellos.
ambarino: tonalidad de color de algunos vinos blancos que normalmente han sufrido un proceso de oxidación.
ámbar: color dorado rojizo de algunos vinos blancos de crianza oxidativa. Es característico de los amontillados.
amontillado: es una especie de fino, añejo y firme, muy seco pero suave, muy sabroso y aromático, de color ámbar. Es característico de la zona de Jerez o de Montilla-Moriles. Su graduación alcohólica suele estar entre 18° y 19°.
amortiguado: vino que no presenta virtudes destacables, pero que se intuye pudo haberlas tenido.
amoscatelado: vino con aromas semejantes a la uva moscatel.
amplio: vino de buena calidad, con riqueza de matices y sabores, que produce la sensación de llenar la boca.
animal: vino con matices que recuerdan a cuero, pelo o carne de animales. Frecuente en vinos añejos.

antocianos: sustancias que se encuentran en el hollejo de las uvas tintas y que aportan los colores rojos a los vinos tintos al madurar.
anubado: vino blanco que se presenta empañado o grisáceo.
añada: sinónimo de cosecha, vendimia. Indica el año de elaboración del vino.
añejo: vino sometido a proceso de envejecimiento en cualquier tipo de envase.
apagado: vino insípido, opaco, falto de acidez o espumoso que ha perdido gas.
apetencia: sensaciones de color y aroma que incitan a saborear el vino.
ardiente: vino que provoca una desagradable sensación en la boca por el exceso de alcohol que contiene, que ejerce una acción deshidratante.
arista: un vino con aristas es lo contrario de un vino redondo. Sensación negativa del vino al que le falta armonía en sus elementos esenciales, como la acidez o los taninos. Puede ser un problema subsanable con el tiempo, como en un vino de guarda recién sacado de la barrica y al que le falta redondearse en botella. Para la acidez es frecuente hablar de «puntas» en lugar de aristas.
armonioso: vino de calidad en el que todos los elementos están perfectamente conjuntados y equilibrados.
aroma: es el perfume exhalado por un vino, las sensaciones percibidas tanto en la nariz como en la boca. Los aromas primarios son los perfumes naturales y frutales de la uva, los secundarios se originan en el proceso de fermentación y los terciarios en la maduración y crianza del vino.
aromático: vino que destaca por su agradable fragancia.
aromatizado: vino al que se han añadido esencias aromáticas de hierbas u otras.
áspero: vino que provoca sensación de dureza en el paladar, excesivamente ácido y astringente debido por lo general al exceso de taninos.
astringente: lo contrario de suave. Vino con marcada astringencia y que produce sensación de rasposidad en la lengua debido a su exceso de taninos.
ataque: se dice de las primeras sensaciones percibidas en la boca al analizar un vino. Resulta más adecuado el vocablo entrada.
atejado: matiz de color que suele aparecer en vinos tintos de guarda con cierto grado de envejecimiento.
atemperado: vino que tiene una temperatura similar a la del lugar donde se va a consumir.
aterciopelado: sensación del gusto equivalente a un tacto suave.
austero: vino sin defectos, pero sin grandes virtudes, generalmente falto de carnosidad, aunque agradable en su conjunto.

avinagrado: vino que está en camino de convertirse en vinagre después de sufrir alteraciones por los ácidos.

balsámico: aroma generado por una crianza en madera estimulada por altas temperaturas. Se refiere también al perfume de eucalipto, incienso y alquitrán.
banal: vino pobre, sin carácter.
basto: vino vulgar, sin finura, de baja calidad.
bouchonné: término francés que se refiere al vino contaminado por hongos del corcho.
***bouquet* o buqué:** conjunto complejo y agradable de sensaciones y aromas que surgen de un vino en su punto óptimo después de un proceso de maduración y barrica y botella.
breve: sinónimo de corto. Vino con escasa persistencia.
brillante: vino límpido y transparente que brilla al ser atravesado por la luz.
brut: vino espumoso natural con una presencia de azúcares inferior a 15 g/l.
brut nature: vino espumoso natural, sin adición de azúcar, con hasta 6 g/l de azúcar residual.
butírico: olor rancio de un vino que recuerda a la mantequilla oxidada.

cabezón: vino desequilibrado que contiene productos químicos para su conservación, y que produce malestar y dolor de cabeza.
cacahuete: matices aromáticos que recuerdan a este fruto seco.
café (a): olor a café tostado.
cálido: vino que por su elevado contenido alcohólico produce en la boca una sensación de calidez y provoca un beber agradable.
cansado: estado pasajero que presenta un vino después de un trasiego, filtración o transporte.
capa: intensidad de color de un vino. Se dice que un vino tiene buena capa cuando su color es muy intenso.
carácter (con): vino con marcada personalidad dentro de su tipo.
caramelo (olor a): olor a almíbar tostado.
carnoso: un vino con carne es un vino bien estructurado, con buen cuerpo, que produce una sensación de plenitud en la boca. Es una característica propia de los grandes vinos tintos.
cata: análisis del vino por medio de los sentidos de la vista, del olfato, del gusto y del tacto para apreciar sus cualidades.
catavinos: copa en la que se sirve el vino para ser analizado.
cereza (a): aroma que recuerda a esta fruta.
cerrado: vino que por su prolongada permanencia en botella apenas manifiesta aromas, y que conviene oxigenar.

clarete: vino tinto de poco color debido a que se elabora con mezcla de uvas blancas y tintas, con presencia de los hollejos en la fermentación. Se elabora también mezclando vino blanco y tinto.
coco: aroma dulce que recuerda a este fruto; suele aparecer en vinos criados en barricas de roble americano.
complejo: vino que ofrece una amplia gama de sensaciones y matices aromáticos. Característico de grandes vinos.
completo: vino que satisface por su equilibrio y plenitud.
común: vino vulgar, corriente. Sin virtudes ni grandes defectos.
concentrado: de sabor potente y complejo.
corcho: olor y sabor transmitido al vino por un tapón con problemas de mohos en su parte interna. Para indicar el gusto a tapón se suele utilizar el galicismo bouchonné.
corto: vino que resulta muy ligero y cuyo sabor permanece poco tiempo en el paladar. Breve, fugaz.
cristalino: vino límpido en grado máximo.
crudo: vino muy joven, aún sin terminar, pero sin carácter negativo perdurable.
cubierto: lo contrario de abierto. Vino de color profundo, oscuro.
cuero (aroma a): se presenta en vinos de larga permanencia en botella.
cuerpo: grado de vigor del vino dependiente de su riqueza en vejez y porcentaje alcohólico.

débil: con escasos atributos organolépticos.
decrépito: vino desequilibrado por excesiva vejez y que ya no conserva virtudes.
delgado: antónimo de lleno. Vino sin estructura.
delicado: vino que en boca produce sensación armoniosa y caracteres sutiles no muy intensos pero vivos y agradables.
denso: vino que produce cierta sensación de espesor en la boca.
descarnado: vino muy delgado.
desequilibrado: vino sin armonía entre sus componentes (alcohol, acidez, taninos, etc.), lo que hace que algunos sobresalgan presentando aristas.
deslavazado: desequilibrado, desvaído.
despojado: vino corto de sabor.
desvaído: vino falto de estructura y escaso de intensidad olfativa.
distinguido: vino que destaca por su armonía y elegancia.
dorado: matiz del vino que evoca al oro viejo.
dulce: vino que contiene azúcares en cantidad superior a 50g/l.
dulzón: vino excesivamente azucarado, de dulzor empalagoso.
duro: vino desequilibrado, excesivamente ácido, muy astringente por el exceso de taninos.

efervescente: vino que al servirlo desprende carbónico hacia la superficie.
elegante: vino de gran calidad, armonioso y equilibrado.
encabezado: vino al que se le ha añadido alcohol. Práctica que consiste en agregar alcohol destilado al vino para detener la fermentación y elevar su grado alcohólico y su contenido en azúcares.
enfermo: vino atacado por enfermedades bacterianas, con aspecto turbio y alterado en el color, olor y sabor.
enmohecido: olor a moho debido a la utilización de recipientes contaminados, racimos con hongos o corchos de mala calidad.
enverado: vino proveniente de uvas que, por condiciones climáticas de la región, no maduran normalmente. Puede tener una graduación alcohólica inferior a 9º, pero superior a 7º.
equilibrado: cualidad de los buenos vinos en los que los sabores y aromas están armónicamente combinados.
especiado: que evoca al aroma de las especias.
espeso: vino basto y recio.
espirituoso: vino rico en alcohol y aroma que recuerda al de los licores y destilados.
espumoso: vino que conserva anhídrido carbónico resultado del agregado de sacarosas y levaduras que causan una segunda fermentación y generan la formación de burbujas que permanecen largo tiempo.
estireno (olor a): olor a envases de poliéster.
estructura: se usa para determinar en un vino el conjunto de los componentes fundamentales.
etéreo: indica en un vino las sensaciones que los esteres, compuestos de alta volatilidad, comunican al olfato.
evolución: cambio progresivo de los primeros sabores que inundan la boca.
evolucionado: vino que ha modificado sus características organolépticas con el paso del tiempo. Suele expresar un atributo negativo.
extracto: se refiere al extracto seco del vino.
extraño: vino contradictorio, raro para su tipo y difícil de definir.
exuberante: vino de alta calidad que colma sensaciones olfativas, táctiles y sápidas.

fatigado: vino que tiene una calidad transitoriamente baja después de un trasiego, filtrado, embotellado o transporte.
fino: vino noble y elegante. Así se designa también a un tipo básico de Jerez.
finura: elegancia característica de los mejores vinos.
flaco: vino pobre en color, en cuerpo, estructura y sensaciones olfativas.

flojo: vino con poco carácter y baja graduación alcohólica.
flor (carácter de): se dice del vino que presenta las peculiares características organolépticas de una buena crianza biológica.
floral: vino que presenta aromas que recuerdan al perfume de las flores.
fondo: se utiliza para determinar en un vino las sensaciones poco perceptibles, entre las que sobresalen sensaciones más acentuadas.
fragancia: aroma intenso y muy persistente.
franco: vino sin defectos ni alteraciones olfativas. Sinónimo de honesto, que brinda las características esperadas.
fresa (a): aroma que evoca a este fruto, propio de los vinos jóvenes.
fresco: vino ligero, con acidez y grado alcohólico equilibrados, que produce sensación agradable.
frutal: vino que presenta aromas que evocan los perfumes de las frutas.
fuerte: vino rico en alcohol.

geranio (a): vino que presenta sensaciones olfativas negativas que recuerdan al olor de las hojas del geranio.
glicérico: vino suave y untuoso, con cuerpo.
goloso: vino con algunos azúcares reductores.
graso: vino rico en alcohol y glicerina que se percibe muy untuoso en la boca.

herbáceo: vino que presenta sensaciones olfativas que recuerdan a la hierba fresca o al heno. Es característico de la elaboración con uvas inmaduras.
hueco: vino vacío, de escaso sabor.

imbebible: vino con tal cantidad de defectos en olor, sabor y aspecto que resulta rechazable para su consumo.
impureza: elemento en suspensión extraño al vino.
indeciso: vino al que le falta madurar para mostrar sus cualidades.
insípido: vino soso, carente de sabor.
intensidad: se utiliza para indicar una percepción más fuerte en el análisis visual (pureza de color), olfativo y gustativo.

joven: vino del año, sin crianza, que conserva sus cualidades.

lácteos: aromas que recuerdan a la leche o sus derivados, propios de la crianza prolongada en roble.
lágrima: vino que se obtiene sin presión mecánica alguna, al variar por gravedad el tanque de fermentación. También típico vino de licor de la D. O. Málaga.

lágrimas: término que designa a las huellas en forma de gotas que caen lentamente por el interior de la copa después de agitada, indicadoras de riqueza de alcohol, glicerina y/o azúcares. Se dice también «piernas».
largo: vino que después de tragado deja persistentes sensaciones en la boca.
levadura (a): vino con aroma a levadura y que produce sensaciones que recuerdan al pan.
lías (a): defecto de los vinos que han estado mucho tiempo en contacto con los depósitos sólidos.
licoroso: vino que recuerda a los licores por su alto contenido en alcohol. No debe confundirse con vino de licor.
ligero: vino con baja graduación y poco cuerpo que puede resultar agradable si presenta adecuada acidez.
límpido: vino sin turbidez.
limpio (a la nariz): vino nítido, sin olores extraños ni defectos gustativos.
lleno: vino equilibrado, rico en sabores y con notable presencia en boca.

madera (con): indica que un vino ha pasado por la madera de las barricas.
maderizado: vino que ha prolongado demasiado su estancia en madera. También se dice del vino blanco envejecido por oxidación, que se reconoce por un color ámbar oscuro y cuyo sabor recuerda al del Madeira.
maduro: asentado. Se dice de un vino que ha terminado su evolución. En un vino viejo indica el alcance de la perfección organoléptica.
manchado: vino blanco defectuoso por haber recibido accidentalmente restos de materia colorante o de vino tinto.
manzana (a): vino fresco, joven, con aroma que evoca a la manzana. Característico de la variedad chardonnay.
medicinal: aromas extraños que presentan algunos vinos y que recuerdan sustancias de farmacopea.
mercaptano (a): olor muy desagradable debido al desarrollo de compuestos sulfurados que se producen al reaccionar el hidrógeno sulfúrico con el alcohol etílico y metílico.
metal (a): sensación gustativa dura, seca y fría que recuerda al hierro y que se percibe bebiendo el vino solo o con determinados alimentos.
moho: desagradable sensación de humedad que aparece en algunos vinos defectuosos a causa de podredumbres producidas por hongos en la uva o por estancia del vino en envases mal conservados.

nariz: la nariz de un vino es el conjunto de sus cualidades aromáticas.
nervio: este carácter depende de la acidez. Del vino con marcada acidez se dice que es «nervioso».
neutro: vino sin personalidad, sin aromas o sabores distintivos, con poco nervio.
nítido: vino bien definido.

ocre (color a): cuando el vino envejece, los taninos se condensan y van tomando poco a poco color ocre, el matiz rojo se atenúa y vira hacia los colores del ladrillo.
oloroso: vino de licor de crianza oxidativa, típica de Andalucía occidental. Son similares el Dorado rueda y el Condado viejo.
opaco: vino de color muy concentrado e intenso, carente de brillo, con aroma y gusto poco interesantes.
opalescente: vino blanco que presenta ligeras turbideces y que refleja la luz que lo atraviesa con variadas tonalidades cromáticas.
ordinario: vino común, vulgar.
oro: tonalidad amarillenta semejante al oro de algunos vinos blancos.
oro viejo: dorado con suave tonalidad marrón.
oxidado: vino alterado en su aroma, color y sabor por excesivo contacto con el aire.

pajizo: tonalidad del color amarillo semejante a la paja que presentan algunos vinos blancos.
pale: vocablo inglés que indica el color del fino de Jerez.
pálido: vino blanco de poca intensidad cromática.
pasado: vino cuyas cualidades no han resistido la prueba del tiempo o los malos tratamientos y ha perdido su valor óptimo.
pasas (a): aroma caramelizado, a uvas pasas.
pastoso: denso en exceso.
peleón: vino basto y corriente, de muy baja calidad.
penetrante: vino muy rico en componentes aromáticos.
pequeño: vino débil, con pocos atributos.
perfumado: vino con gran riqueza aromática.
persistente: característica de un vino que provoca sensaciones duraderas de sus cualidades gustativas en la boca y por vía retronasal.
pesado: vino rico en cuerpo y estructura, pero escaso de vivacidad y acidez.
picado: vino avinagrado por exceso de ácido acético.
picante: sensación de cosquilleo en el paladar producida por el gas carbónico.
piernas: véase lágrimas.

pigmentado: con mucho color.
pimienta (a): aroma típico de la variedad tinta cabernet sauvignon.
plano: vino carente de personalidad y falto de acidez.
plátano (a): se dice cuando un vino blanco joven produce sensaciones olfativas y gustativas que recuerdan a esa fruta. También puede tener aromas a otras frutas tropicales.
poderoso: vino intenso y bien estructurado.
posgusto: conjunto de sensaciones que deja un vino en boca después de haberse bebido.
precoz: vino que ha alcanzado muy pronto la maduración alcohólica.
pulido: vino de guarda que ha redondeado sus taninos durante su estancia en botella.
punzante: vino que penetra en la nariz con fuerza pero que produce sensaciones agradables.

quinado: vino aromatizado con quina que se utiliza como aperitivo y como reconstituyente.

rama (en): vino nuevo recién elaborado.
rancio: vino añejo, con aroma y sabor característicos, obtenido por crianza oxidativa. Es licoroso, seco y oxidado y se le llama también «ajerezado».
raspón (a): sabor vegetal desagradable y astringente debido a una defectuosa elaboración.
recio: vino con mucho cuerpo.
redondo: vino pleno, equilibrado, de gran calidad. Vino muy completo y con componentes muy armónicos.
reducido: vino que ha madurado lentamente utilizando solamente el oxígeno contenido en la botella. Un exceso de estancia en la botella debilita sus características organolépticas.
refrescado: se aplica normalmente a un vino de cierta edad al que se le ha añadido otro más joven.
remontado: se aplica a los finos de crianza biológica que han perdido cualidades organolépticas por el paso del tiempo o por acción del oxígeno.
resinoso: cuando un vino presenta una sensación parecida a la de la resina.
retrogusto: recuerdo más o menos largo que deja un vino en boca después de bebido.
retronasal: aromas que se perciben mientras el vino está en la boca o después de ser bebido y que llegan a la nariz desde la boca.
ribete: tonalidad más clara del vino en el borde la copa cuando ésta se inclina.

rico: vino con mucho color y una buena graduación alcohólica.
roble (aroma a): aroma a la madera de la barrica. Cuando está presente en exceso es un defecto.
robusto: cualidad del vino de grado elevado, buen color y excelente textura.
rojo: color básico de los vinos tintos cedido por los antocianos.
rubí: tonalidad que recuerda a esa piedra preciosa. Es frecuente en vinos de crianza.

sabor: impresión que producen las sustancias sápidas del vino sobre las papilas gustativas.
sabroso: cualidad del vino que produce sensaciones placenteras en la boca por sus agradables matices.
secante: sensación táctil que producen algunos vinos al final de su paso por la boca.
seco: vino fresco al paladar, con un contenido muy bajo en azúcar, inferior a 5 g/l.
sedoso: vino aterciopelado, muy suave en su paso por la boca.
semidulce: vino que contiene entre 30 y 50 g/l de azúcar.
semiseco: vino que contiene entre 15 y 30 g/l de azúcar.
siruposo: vino con aspecto de jarabe, muy denso.
sólido: vino poderoso y bien estructurado, apto para la guarda.
soso: vino plano, sin contrastes.
suave: vino grato de beber que se percibe redondo y aterciopelado en la boca.
sucio: vino contaminado, defectuoso principalmente en aroma y color, como resultado de una elaboración poco cuidada.
sulfhídrico (a): olor negativo a agua estancada, a huevos podridos, que se produce en algunos vinos en ambiente reductor por la alteración de compuestos de azufre.
sulfuroso (a): olor desagradable y molesto característico del anhídrido sulfuroso, aditivo antioxidante que, utilizado en exceso, produce una molesta sensación picante.
sutil: vino fino, delicado y complejo que exige especial atención para descubrir sus cualidades.

tabaco (a): aroma característico de algunos vinos tintos de crianza.
tánico: se dice que un vino es tánico cuando posee sabor áspero, como la sensación que se percibe en las pieles de las frutas y en la madera.
taninos: sustancias orgánicas de la uva que aportan al vino aromas, sabores, astringencia y capacidad de añejamiento.
tapón (a): defecto muy común en los vinos conservados en botella, que afecta al olor y al sabor y procede de los mohos del corcho.

***tastevin*:** palabra francesa que indica un pequeño recipiente cóncavo de plata, alpaca, etc., con asa, adornado o liso, utilizado para apreciar el color y el brillo de los vinos.
tenue: vino que tiene características con poca fuerza al olfato.
terroso: vino con sabor a tierra, debido generalmente a una elaboración defectuosa.
terruño: características organolépticas propias del terreno donde se asienta el viñedo y que dan personalidad al vino.
tierno: vino ligero con poco extracto.
típico: vino que reúne las características habituales de los vinos de su zona de elaboración.
tipificado: vino que mantiene uniformemente sus características y cualidades de cosecha en cosecha, o de partida en partida.
tosco: vino ordinario y rústico.
tranquilo: vino sin presencia aparente de carbónico.
trufa (a): aroma que recuerda a la trufa, muy típico de los grandes vinos tintos de crianza.
turbio: vino sucio, falto de limpidez, que presenta materias coloidales o partículas en suspensión.

untuoso: vino graso, glicérico, con una fluidez oleosa que impregna la mucosa bucal.

vacío: (1) muy corto de sensaciones. (2) vino sin sabor ni cuerpo.
vainilla: aroma que evoca esta especia y que suele aparecer en vinos de crianza, por su estancia en madera.
varietal: vino elaborado mayoritariamente o en su totalidad con una sola variedad de uva. Se dice del vino con aromas o características propios de una variedad de vid.
velado: vino ligeramente alterado en su limpidez por pequeñas partículas en suspensión.
verde: vino acerbo y fresco. Al analizar un vino, se alude al exceso de taninos inmaduros por maduración insuficiente de la uva.
verdor: sensación desagradable que evoca las partes vegetales de la vid.
viejo: (1) vino de calidad «sometido» a un período de crianza de, al menos, tres años. (2) Tipo de vino del Condado de Huelva de elaboración similar al oloroso.
vigoroso: vino pleno de vitalidad y gran poder alcohólico, no exento de equilibrio, que ofrece intensas y agradables sensaciones organolépticas.
vinosidad: personalidad y potencia gustativa.
vinoso: vino en el que sobresale el alcohol, debido a exceso de éste o por desequilibrio con respecto a otros componentes. También

sensación en nariz o en boca de un vino basto en el que predominan los aromas de fermentación.

violeta: aroma que recuerda a esta flor y que se presenta en algunos vinos rosados o tintos. También matiz de color que aparece en vinos tintos jóvenes.

vivaz: vino ligeramente ácido, bastante rico en anhídrido carbónico, picante al paladar.

vivo: vino de color brillante que sugiere una buena evolución en botella.

volátil (acidez): fracción de la acidez total del vino representada principalmente por el ácido acético y su éster, el acetato de etilo. En exceso, es un defecto grave.

volumen: sensación de cuerpo en vinos con buena estructura y riqueza de sabores.

vuelto: vino alterado por bacterias, ligeramente agrio, con olor y sabor que recuerdan a la col fermentada.

vulgar: vino común, ordinario, poco atractivo.

yodado: matiz de color que aparece como ribete en algunos vinos.

Otros títulos GUÍAS BONVIVANT

Colección *No entiendo mucho de vinos...*

No entiendo mucho de vinos... pero sé lo que me gusta
Simon Woods

¿Alguna vez te has quedado mirando desesperadamente las estanterías de tu tienda de vinos preferida, te ha entrado miedo y has elegido la botella con la etiqueta más bonita o el precio más caro? ¿Alguna vez has estado en una mesa en la que todo el mundo parecía estar a la última sobre vinos, excepto tú? Seguro que sí...

No te preocupes, eso le ha pasado a todo el mundo, incluso al autor de este libro, Simon Woods. Por eso decidió escribirlo y, ajustándose a tus necesidades, te enseñará todo lo que necesitas saber sobre vinos... Todo ello sin recurrir a lenguaje técnico o complicado, detalles pedantes o un rebuscado estilo.

El autor se convertirá en ese amigo que siempre has deseado tener y que, con humor y entre copa y copa, te convertirá en alguien capaz de distinguir entre un Chianti y un Cabernet o de sorprender a sus amigos con nuevos menús y maridajes espectaculares o arriesgados y poco tradicionales, pero de resultados extraordinarios.

No entiendo mucho de vinos... pero conozco su protocolo
Giuseppe d'Este

Con el vino, como con casi todo, no hay placer sin rito. Este libro no sólo le orientará en la manera de "quedar bien" por lo que a la elección y el servicio de vino se refiere, sino que le descubrirá su verdadero significado como bebida ancestral sagrada y como producto de culto en la actualidad. Además, le descubrirá el porqué de todas sus reglas de protocolo, que no son siempre tan gratuitas como se piensa.

- Los diferentes tipos de vino: tintos, blancos, espumosos, dulces, etc.
- Consejos para reconocer, escoger y comprar el vino.
- Cómo interpretar la etiqueta.
- El servicio del vino.
- Cómo transportar y conservar el vino.
- La bodega en casa.
- Accesorios para disfrutar el vino.

No entiendo mucho de vinos... pero conozco el arte de la cata
Giuliano Massini

Conozca los secretos de la cata y eduque sus sentidos para poder disfrutar plenamente de los vinos y descubrir lo que esconden. Toda la información necesaria, presentada de la manera más fácil, práctica y eficaz.

- De la uva al vino. Historia del vino y procesos de vinificación.
- El vino y su servicio. Consejos indispensables sobre cómo tratar los vinos.
- La vista. Observación del vino para determinar su aspecto y color.
- El olfato. Toda una inmersión en el mundo de los aromas y de los olores.
- El gusto. Un mundo de sensaciones gustativas hasta ahora desconocidas.
- Consejos sobre cómo organizar sesiones de cata y el universo de los concursos.

Historias curiosas del vino
Pamela Vandyke Price

Este libro nos habla tanto del vino como de sus diferentes tradiciones, ritos, objetos asociados a él, así como de algunos personajes que han influido en el mundo del vino.

- El origen del choque de las copas al brindar.
- El porqué se empezó a desear salud al brindar.
- El bautizo de los barcos.
- Las bebidas de Napoleón en la batalla de Waterloo.
- Tamaño y forma de las copas de vino actualmente y a lo largo de los siglos.
- Corchos y sacacorchos.